동물 박물관

제임스를 위하여 – *K.S.*
진실을 사랑하는 에드윈을 위하여 – *J.B.*

ANIMALIUM
written by Jenny Broom and illustrated by Katie Scott

Illustration copyright © 2014 by Katie Scott
Text copyright © 2014 by The Templar Company Limited
First published in the UK and Australia in 2014 by Big Picture Press, an imprint
of The Templar Company Limited, part of Bonnier Publishing Group.
All rights reserved.

Original edition published in English under the title of: Animalium

Korean Translation Copyright © 2017 by BIR Publishing Co., Ltd.
This Korean translation edition is published by arrangement with
The Templar Company Limited.

이 책의 한국어판 저작권은 저작권사와 독점 계약한 (주)비룡소에 있습니다.
저작권법에 의해 한국 내에서 보호를 받는 저작물이므로 무단 전재와 무단 복제를 금합니다.

내 책상 위 자연사 박물관
전 연령 입장

동물 박물관

케이티 스콧 그림 · 제니 브룸 글 | 이한음 옮김

비룡소

동물 박물관

들어가는 말

지구는 우리가 아는 한 태양계에서 생물이 살고 있는 유일한 행성이에요. 그리고 지구에서 생명은 다양한 모습으로 진화하면서 수많은 생물을 낳았어요. 지금 우리 행성에는 약 200만 종에 이르는 생물들이 우리 인류와 함께 살아요. 우리가 알아내어 이름을 붙인 종들만 따진 수가 그 정도로 많답니다.

이렇게 생물들이 다양한 것을 가리켜 생물 다양성이라고 해요. 언뜻 생각할 때는 생물 다양성이 우리 일상생활과 별 관계가 없어 보일 수도 있어요. 하지만 생물 다양성은 지구를 우리가 살기 알맞은 곳으로 유지하고 있어요. 우리 인류도 파리나 해파리나 기린처럼 동물의 한 종이고, 생물 다양성의 일부예요. 우리는 다른 모든 종들과 행성 지구를 공유하며 사는 거예요.

지구 동물들의 모습은 아주 다양해서 보면 볼수록 놀라워요. 동물은 대부분 곤충이고, 크기가 아주 작아요. 동물인지 아닌지조차 헷갈리는 동물도 있지요! 하지만 아무리 기이해 보인다고 해도, 모든 동물은 지구를 생명이 살아가기 알맞은 곳으로 만드는 데 한 몫을 하고 있어요. 우리가 살아갈 수 있는 것은 지구의 생명 다양성 덕분이에요. 생명 다양성이 없다면 우리가 먹을 식량도, 숨 쉴 공기도 없을 거예요. 어쩌면 그보다 중요한 문제는 생명 다양성이 없다면 상상도 할 수 없다는 것이 아닐까요?

우리는 아는 것이 있어야만, 그것을 바탕으로 다른 무언가를 상상하고 이야기를 꾸며 낼 수가 있어요. 모든 생물은 그런 상상의 출발점이 될 수 있어요. 이 책에 실린 그림들은 실제로 살아 있는 동물들이에요. 저마다 새로운 생각을 자극하지요. 또 모든 동물은 각자 지구에 나름의 살 곳이 있어요. 인류가 놀랍도록 다양한 생물들과 더불어 우리 행성에서 더 잘 살아갈 수 있는 미래를 상상해 보면 좋겠어요. 지구는 우리 모두가 따로 또 함께 살아갈 집이니까요…….

샌드라 냅 박사
런던 자연사 박물관

1
입구
동물 박물관에 어서오세요! · 1
생명의 나무 · 2

7
1 전시실
무척추동물
무척추동물 · 8 | 해면동물 · 10 | 두족류 · 12
자포동물 · 14 | 나는 곤충 · 16
서식지: 바닷가 물속 · 18

21
2 전시실
어류
어류 · 22 | 상어 · 24
홍어와 가오리 · 26 | 조기어류 · 28
서식지: 산호초 · 30

33
3 전시실
양서류
양서류 · 34 | 유미류 · 36 | 개구리류 · 38
서식지: 우림 · 40

43
4 전시실
파충류
미국독도마뱀 · 44 | 거북류 · 46
뱀류 · 48 | 악어류 · 50
서식지: 사막 · 52

55
5 전시실
조류
날지 못하는 새 · 56 | 펭귄 · 58 | 앨버트로스 · 60
홍학, 황새, 따오기, 왜가리 · 62
맹금류 · 64 | 별난 새 · 66 | 올빼미 · 68
서식지: 숲 · 70

73
6 전시실
포유류
유대류 · 74 | 코끼리 · 76 | 영장류 · 78
설치류 · 80 | 박쥐 · 82 | 고양이류 · 84 | 발굽포유동물 · 86
바다소, 바다표범, 고래 · 88
서식지: 한대 툰드라 · 90

93
자료실
찾아보기 · 94 | 동물 박물관의 큐레이터들 · 96

동물 박물관

입구

동물 박물관에
어서오세요!

이 동물 박물관은 여러분이 지금까지 다녔던 박물관들과 전혀 다르답니다. 하루 24시간씩 일주일 내내 열고, 세계에서 가장 멋진 동물들과 가장 놀라운 동물들을 모아 놓은 곳이거든요. 이렇게 언제 어느 때라도 동물들을 만날 수 있는 박물관은 여기밖에 없답니다. 게다가 모든 동물이 흠 하나 없이 완벽한 형태로, 자세히 들여다볼 수 있게 전시되어 있어서 멋진 경험을 할 수 있습니다.

책장을 넘겨 이 박물관의 여러 전시실들을 돌아다녀 보세요. 지구에서 생명의 이야기가 어떻게 펼쳐져 왔는지 볼 수 있습니다. 각 장은 여러분을 박물관의 전시실로 데려갑니다. 구역마다 파충류, 조류, 포유류처럼 특정한 종류의 동물들이 전시되어 있습니다. 동물계가 오랜 세월 동안 어떻게 변해 왔는지를 알 수 있도록 진화한 순서에 따라 배치되어 있어요. 또, 단순한 해면에서부터 오늘날 지구에 사는 갖가지 다양한 동물들까지 모두 모아 놓은 생명의 나무를 통해, 생명이 어떻게 진화했는지를 직접 눈으로 확인하세요.

서두를 필요는 전혀 없어요. 전시물을 하나하나 꼼꼼히 들여다보세요. 전시실에는 서로 친척인 동물들이 모여 있어요. 어떤 특징들이 비슷한지 살펴보고, 왜 이 동물들을 모아 놓았는지 알려 주는 해설도 읽어 보세요. 또 다른 전시실에는 박물관의 해부 실험실로 들어갈 기회도 마련되어 있으니 놓치지 마세요. 해부 실험실에서는 동물의 뼈대와 장기를 들여다볼 수 있거든요.

박물관 통로를 지나다 보면, 곳곳에 테라리엄이 보일 거예요. 테라리엄은 동물들이 어떤 서식지에서 어떻게 살아가는지를 볼 수 있는 곳이랍니다. 기후에 따라 생태계가 어떻게 달라지는지, 생물 종이 어떻게 수백만 년에 걸쳐 주변 환경에 완벽하게 적응해 왔는지도 알아보세요.

이곳은 고대의 동물과 현대의 동물들, 거대한 동물과 아주 작은 동물들, 사나운 동물과 연약한 동물이 모인 유일한 박물관입니다. 이곳에서 '동물계'라는 눈부신 세계를 구경해 보세요. 어서 안으로 들어가 볼까요?

동물 박물관

생명의 나무

생명의 나무는 사람의 가족 관계를 나타내는 가계도와 꽤 비슷하다. 행성 지구에 사는 동물들이 다 들어 있고, 각각의 동물 속이 서로 얼마나 가까운 친척인지도 나타내기 때문이다. 또한 생명의 나무는 전혀 달라 보이는 생물들이라도 따지고 보면 같은 뿌리에서 나왔다는 사실을 알기 쉽게 보여 준다. 사실 모든 생물은 하나의 조상에게서 시작되어 수백만 년에 걸쳐 여러 형태로 다양하게 진화해 온 것이다.

영국의 과학자 찰스 다윈은 1859년 『종의 기원』을 펴내며 생명의 나무를 설명했다. 그 책에서 다윈은 지구에서 살아가는 모든 생물이 서로 친척이며, 하나의 공통 조상에서 나왔다고 결론을 지었다. 그 뒤로 우리 인류는 유전학, 생화학, DNA를 통해 생명을 더 깊이 이해해 왔다. 그런 연구를 통해 나온 결과들은 찰스 다윈의 생각이 대부분 옳았다고 말하고 있다. 현대 과학은 동물, 식물, 조류와 균류 같은 진핵생물-세포에 막으로 둘러싸인 세포핵이 들어 있는 생물-이 모두 하나의 공통 조상에서 갈라져 나왔다고 말한다.

최초의 생물이자 가장 단순한 생물은 생명의 나무에서 밑동에 자리한다. 동물 종들은 각자의 특정한 서식지에서 살아남기 위해 적응하면서 진화를 거듭함에 따라, 원줄기에서 점점 멀리 가지를 뻗어나간다. 따라서 이 출발점에서 더 멀리 있는 종일수록, 진화적 변화를 더 많이 겪었다는 뜻이다.

서식지 환경에 대한 적응은 여러 세대를 거치면서 천천히 일어난다. 자신들이 선택한 환경에서 살아가는 데 유리한 특징을 지닌 동물은 살아남아서 번식할 기회가 더 많아진다. 따라서 자기 유전자를 후손에게 물려줄 가능성도 더 높아진다. 서식지 조건에 적응한 생물은 살아남아 자손을 남기고, 그렇지 못한 생물은 사라진다는 것이 '자연선택'이라고 하는 이론이다. 이 이론 덕분에 우리는 지금 지구에 사는 수백만 종이 시간이 흐르면서 어떻게 생겨났는지를 이해할 수 있다.

동물 박물관

1 전시실

무척추동물

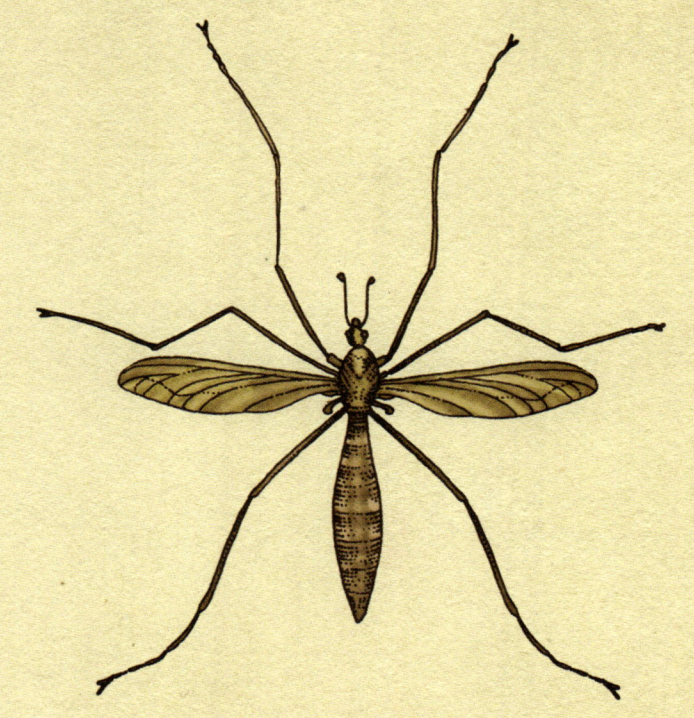

무척추동물
해면동물
두족류
자포동물
나는 곤충
서식지: 바닷가 물속

무척추동물

무척추동물은 뚜렷하게 비슷한 어떤 특징을 공유하기 때문이 아니라, 아주 중요한 특징 한 가지가 없다는 공통점이 있기에 한데 묶이는 동물 집단이다. 무척추동물에게 없는 것은 바로 관절로 이어진 등뼈, 즉 척추이다. 척추동물(*vertebrate*)을 가리키는 영어 이름은 라틴어로 '관절'을 뜻하는 베르테브라투스(*vertebratus*)라는 단어에서 유래했다. 결국 무척추동물은 '관절로 이어진 등뼈가 없는' 동물이라는 뜻이다.

무척추동물에는 서로 다른 진화 가지에 속한 동물들이 포함된다. 이중에는 서로 아주 먼 친척인 동물들도 있다. 무척추동물은 단순한 해면동물부터 신체 구조가 복잡하고 지능도 뛰어난 문어에 이르기까지 아주 다양하다.

무척추동물은 대부분 약 5억 4,000만 년 전에 진화했다. 그래서 무척추동물은 지구에 처음으로 나타난 동물이기도 하다. 척추동물—관절로 이어진 등뼈가 발달한 종들—이 대체로 등뼈 없는 사촌들보다 몸집도 크고 지능도 더 뛰어나지만, 무척추동물의 수가 훨씬 더 많다. 동물계의 약 97퍼센트는 무척추동물이다. 이렇게 진화하는 데 성공한 덕분에 무척추동물은 거의 전 세계 어디에서든 찾아낼 수 있다. 물에, 하늘에, 땅에, 심지어 땅속에서도 산다.

무척추동물은 가까운 친척 집단별로 나눌 수 있다. 해면동물, 자포동물(해파리 등), 편형동물, 환형동물, 연체동물(문어와 오징어, 새조개와 홍합 등), 절지동물(곤충, 거미류, 갑각류 등), 극피동물(불가사리 등)이 그렇다.

무척추동물

해면동물

스펀지 또는 해면으로도 불리는 해면동물은 최초의 단세포 동물인 원생동물로부터 진화한 첫 번째 동물 문이라고 여겨진다. '문'은 동물들을 묶는 범주 중 하나다. 오스트레일리아 남부에서 발견된 화석으로 미루어볼 때, 해면동물은 6억 6,500만 년 전부터 바다에 살았던 듯하다. 그토록 까마득히 오래전에 일어난 다세포 해면동물의 진화는 자연사에서 가장 중요한 사건 중 하나였다.

해면동물은 물속에서만 사는데, 열대 바다에서 얼음처럼 찬 해역에 이르기까지 모든 해양 서식지에서 산다. 해면동물은 신경계도 장기도 없어서, 생각도 운동도 할 수 없다. 움직이지 않아서 식물로 착각하기가 쉽다. 하지만 해면동물은 물속에서 세균을 먹으며 자기 환경을 느끼고 반응하면서 살아가는 엄연한 동물이다.

모양도 색깔도 크기도 아주 다르지만, 모든 해면동물은 기본 구조가 똑같다. 몸체 중심에 (굴뚝과 좀 비슷하게 생긴) 빈 공간이 있고 그 벽에 몇 개의 작은 구멍이 나 있는 모습이다. 이 중앙 통로로 물이 흘러들면, 해면동물은 그 안에 든 먹이와 산소를 빨아들이고 이산화탄소를 내보낸다. 어떤 해면동물은 약물 효과가 있는 화학 물질이 들어 있어서, 사람에게 도움이 되기도 한다.

그림 설명

1: 목욕해면의 단면
학명: *Spongia officinalis*
길이: 35cm
그리스 앞바다에 많이 살며, 얕은 곳부터 수심 약 40미터 깊이까지 산다. 보통 둥근 모양이다.

2: 송이류콘해면
학명: *Leucosolenia botryoides*
길이: 1.2cm
독립된 가지들이 바나나 송이 모양으로 모여 자란다.

3: 목욕해면
학명: *Spongia officinalis*
길이: 35cm
1번 설명 참조. 부드럽고 구멍이 송송 나 있는 이 해면은 키워서 팔기도 한다. 뼈대에 탄성이 있어서 목욕할 때 쓰인다.

4: 난로연통해면
학명: *Aplysina archeri*
길이: 1.15m
자주색의 긴 원통 모양인 이 해면은 22개까지 모여서 자란다. 물 흐름에 따라 이리저리 흔들린다.

5: 주황부채해면
학명: *Stylissa flabelliformis*
길이: 30cm
손부채 모양이라서 부채해면이라는 이름이 붙었다. 바위 턱에 붙어 자란다.

6: 가지예쁜이해면
학명: *Callyspongia ramosa*
길이: 30cm
뉴질랜드를 둘러싼 해역에서 많이 산다. 추출물은 약을 만드는 데 쓰인다.

7: 비너스꽃바구니해면
학명: *Euplectella aspergillum*
길이: 42cm
뼈대를 이루는 규소 골편이 합쳐져서 일종의 천연 유리를 만든다. 이 유리는 섬세하며 쉽게 깨진다.

8: 박해면
학명: *Grantia compressa*
길이: 15cm
작고 둥근 형태로 표면이 매끄럽고 깨끗하다. 목이 길어서 꼭 박처럼 보인다.

9: 항아리해면
학명: *Xestospongia muta*
지름: 2m
느리게 자라지만 아주 크게 자랄 수 있다. 즉 100년 넘게 살 수 있다는 뜻이다.

무척추동물

두족류

오징어와 문어가 속한 두족류는 수억 년 전에 나타나 한때 바다를 지배했던 해양 생물이다. 지금은 약 800종이 있으며, 지구의 모든 바다에 살고 있다.

    두족류란 이름은 '머리와 발'이라는 뜻이며, 머리에 발이 붙은 몸 구조를 보고 붙인 것이다. 두족류의 몸집은 머리 뒤쪽에 있는 근육질 막인 외투막의 크기에 따라 달라진다. 두족류는 뇌가 크고 감각 기관이 발달해 있어서 서로 의사소통을 할 수 있다. 즉 사회성을 지닌 동물이다. 때로는 물고기 떼와 어울리기도 한다.

    두족류는 몸의 색깔과 무늬를 바꿈으로써 위장하여 몸을 숨기거나 포식자를 피할 수 있다. 빨판처럼 생긴

촉수가 있다. 움직일 때는 물을 빨아들였다가 내뿜는 제트 추진 방식을 써서 앞으로 나아간다.

두족류는 먹물을 만들어 낸다. 위험을 느끼면 새까만 먹물을 구름처럼 뿜어서 포식자를 혼란에 빠뜨린다. 자기 몸과 크기, 모양, 색깔이 비슷한 먹물 구름을 만드는 종류도 있다. 두족류는 먹물 때문에 포식자가 앞을 못 보는 사이에 재빨리 달아난다.

──────── 그림 설명 ────────

1: 긴팔오징어
학명: *Chiroteuthis veranyi*
외투막 길이: 12.5㎝
느릿느릿 움직이는 오징어이며, 수심 2.4킬로미터까지 들어간다.

2: 채찍오징어
학명: *Mastigoteuthis microlucens*
외투막 길이: 10㎝
채찍 같은 긴 촉수를 지녔다. 촉수는 달라붙는 작은 빨판으로 뒤덮여 있다.

3: 천사문어
학명: *Velodona togata*
외투막 길이: 16㎝
깊은 바다에 사는 심해 오징어로 수심 700미터에서 주로 활동한다.

무척추동물

자포동물

지금까지 1만여 종이 발견된 자포동물은 모습이 아주 다양하다. 우선 말미잘과 산호처럼 바위 같은 곳에 붙어 정착 생활을 하는 폴립 형태가 있다. 폴립은 원통 모양의 몸 위쪽에 입이 있고, 주변에 촉수가 나 있다. 반면에 상자해파리처럼 몸을 움츠렸다가 펼치는 힘으로 자유롭게 돌아다니는 종도 있다. 이들은 갓 모양의 몸통 아래로 촉수가 나 있는 모습이다.

모습은 저마다 달라도 자포동물은 모두 물속에 살고, 신경 세포가 몸 표면에 퍼져 있는 산만 신경계를 가지며, 뇌나 심장은 없다. 그리고 모든 자포동물은 침을 쏠 수 있다. 공통 조상으로부터 작살처럼 생긴 침인 '자사'를 물려받았기 때문이다. 자사를 쏘는 세포 기관을 자포라고 한다. 자포동물(cnidaria)의 영어 이름은 쐐기풀을 뜻하는 그리스어 크니데(knide)에서 나왔다.

자포동물은 육식성이며, 다른 동물을 잡아먹고 산다. 이들은 먹이를 뒤쫓거나 사냥하는 대신에, 다른 동물이 다가와서 실수로 제 몸에 부딪히기를 기다리기 때문에 '수동적 포식자'라고 불린다. 물고기 등이 지나가다가 자신도 모르게 자포동물의 촉수를 건드리면, 털처럼 생긴 방아쇠가 당겨지면서 작살처럼 자사가 발사되어 몸에 박히고 독소가 흘러 들어온다. 자포동물의 독은 먹잇감을 마비시키고 죽일 수도 있다. 사람에게 극심한 통증을 일으키고 심하면 목숨까지 앗아가기도 하는 독을 지닌 자포동물 종도 있다.

―――――――――――――――― 그림 설명 ――――――――――――――――

1: 검은쐐기해파리
학명: *Chrysaora achlyos*
지름: 91cm
몸집이 거대하다. 이따금 큰 무리를 이루어서 수면으로 올라오곤 한다. 이를 해파리 대발생이라고 이른다.

2: 흰점박이해파리
학명: *Phyllorhiza punctata*
지름: 47cm
먹이를 직접 잡아먹는 대신에, 매일 바닷물을 50세제곱미터씩 빨아들이고 걸러서 양분을 얻는다.

3: 붉은쐐기해파리
학명: *Chrysaora fuscescens*
지름: 27cm
자포라는 침을 쏘는 세포 기관으로 온몸이 뒤덮여 있다. 자포에서 가느다란 실 같은 침이 발사되어 먹이를 마비시킨다.

4: 달리아말미잘
학명: *Urticina felina*
지름: 12cm
입가에 나 있는 짧은 촉수로 새우와 물고기 같은 먹이를 잡는다. 촉수는 160개까지도 난다.

5: 사슴뿔산호
학명: *Acropora cervicornis*
높이: 2m
이 산호는 가지가 빨리 자라는 편이어서 해마다 10~20센티미터씩 자란다고 알려져 있다.

6: 뇌산호
학명: *Diploria labyrinthiformis*
지름: 2m
밤에 촉수를 뻗어서 지나가는 먹이를 잡는다. 낮에는 촉수로 몸을 감싸서 보호한다.

7: 흰띠십자해파리
학명: *Haliclystus stejnegeri*
높이: 15cm
다른 해파리들처럼 자유롭게 헤엄치는 대신에 평생을 바위나 해조류에 붙어서 살아가는 종이다.

8: 파란단추해파리
학명: *Porpita porpita*
지름: 2.5cm
이름과 달리 해파리가 아니고 작은 개충이 모여 하나를 이룬 군체이다. 개충은 소화나 방어를 맡는 등 독립적인 역할을 한다.

9: 화분산호
학명: *Goniopora djiboutiensis*
지름: 1m
폴립들이 국화과 꽃잎처럼 배열되어 있어서 화분산호라는 이름이 붙었다.

무척추동물

나는 곤충

곤충은 절지동물의 한 목이며, 갑각류(게와 가재), 거미류(거미와 전갈), 다족류(지네와 노래기)의 가까운 친척이다. 곤충은 적어도 100만 종에 달하며, 현재 지구에 사는 생물 종의 80퍼센트 이상을 차지한다. 그리고 해마다 약 1만 종의 곤충이 새로 발견된다.

모든 절지동물은 몸이 체절로 나뉘고, 다리와 더듬이 같은 부속지는 관절로 몸통에 연결되어 있으며, 딱딱한 겉뼈대가 몸을 감싸고 있다. 몸속에는 뼈가 없다. 오늘날의 곤충은 크기가 작지만, 선사 시대에는 날개폭이 70센티미터에 이르는 잠자리도 있었다.

무척추동물 중에서 곤충만이 하늘을 날 수 있도록 진화했다. 곤충은 지구 최초의 초식 동물이기도 했다. 즉 곤충 중에서 식물만을 먹는 최초의 동물이 출현했다. 곤충과 식물은 기나긴 세월 동안 함께 진화했다. 그 과정에서 식물은 곤충에게 먹히지 않게 스스로를 지킬 수단을 마련하는 한편으로 곤충을 이용하여 꽃가루를 퍼뜨리는 방법도 찾아냈다.

모든 곤충은 몸의 형태를 바꾸는 탈바꿈을 몇 차례 거치면서 점점 성숙한다. 탈바꿈을 하고 나면 모습이 완전히 바뀌어서 예전 모습을 거의 알아보기 힘든 곤충도 있다. 애벌레가 번데기를 거쳐 나비로 탈바꿈하는 사례가 대표적이다.

그림 설명

1: 인도파란제비나비
학명: *Papilio polymnestor*
날개폭: 13cm
상록수림처럼 비가 많이 내리는 지역에서 흔히 발견되는 나비다.

2: 북방각다귀
학명: *Tipula paludosa*
날개폭: 4cm
길고 섬세한 다리를 지닌 야행성 곤충이다. 다리가 연약해서 쉽게 떨어져 나간다.

3: 하루살이목
학명: *Ephemeroptera*
날개폭: 1.5cm
하루살이는 어른벌레가 된 뒤의 수명이 1시간에 불과하다.

4: 황제잠자리
학명: *Anax imperator*
길이: 7.8cm
거의 착륙하지 않고 날아다니면서 먹이를 잡아먹고 산다.

5: 아틀라스산누에나방
학명: *Attacus atlas*
날개폭: 30cm
곤충 가운데 날개가 가장 크다. 어른벌레가 되면 입이 없어서 먹지 못한다.

6: 미국측범잠자리
학명: *Ophiogomphus severus*
길이: 5cm
따뜻한 날씨를 좋아해서, 추운 날에는 거의 보이지 않는다.

7: 서부왕메뚜기
학명: *Brachystola magna*
길이: 5cm
1미터 이상 뛰어오를 수 있다.

8: 미국옥색긴꼬리산누에나방
학명: *Actias luna*
날개폭: 10cm
낙엽을 흉내 내곤 한다.

9: 고산북방메뚜기
학명: *Omocestus viridulus*
길이: 2cm
수컷은 뒷다리를 마주 비벼서 내는 독특한 소리로 암컷을 꾄다.

10: 땅벌
학명: *Vespula vulgaris*
길이: 1.4cm
말벌과의 공격적인 벌로서, 공격을 받으면 경보를 울려서 동료들에게 도움을 청한다.

11: 북미조롱박벌
학명: *Sphex pensylvanicus*
길이: 2.8cm
침을 쏘아 먹잇감을 마비시킨 뒤, 땅속 둥지로 운반한다. 알에서 깬 애벌레는 그 먹이를 먹고 자란다.

무척추동물

서식지: 바닷가 물속

해안 서식지는 바다와 육지가 만나는 곳, 바닷가에 있다. 전 세계의 해안은 길이가 약 35만 6,000킬로미터에 이르며, 같은 해안이라고 해도 각 지역의 기후, 경관, 파도 등에 따라 서식 조건이 아주 다양하다.

해안 서식지는 파도, 밀물과 썰물, 해류에 따라 엄청난 양의 물이 끊임없이 오가는 곳이다. 따라서 바닷가의 경관은 끊임없이 변한다. 바닷가는 지구에서 생명이 가장 풍부한 서식지라고 할 수 있다. 강물이 바다로 흘러들고, 파도에 땅이 침식되면서 풍부한 영양 물질이 계속 공급되기 때문이다.

바닷가 물속에 사는 생물 중에는 게, 삿갓조개, 가리비 등 단단한 껍데기로 몸을 보호하는 종이 많다. 껍데기가 몸을 감싸 주는 덕분에 세찬 파도를 견딜 수 있다. 홍합 같은 종들은 물에서 껍데기를 열어 먹이를 걸러 먹는다.

해안에는 썰물 때 드러나고 밀물 때에는 물에 잠기는 조간대라는 곳이 있다. 조간대는 물이 빠졌다가 민물인 빗물에 젖기도 하고 짠 바닷물에 잠기기도 하며, 온도도 심하게 변한다. 그래서 조간대에 사는 동물은 극심한 환경 변화를 겪는다. 따개비를 비롯한 많은 종은 접착 물질을 분비하는 샘이 있어서 밀물 때든 썰물 때든 늘 바위에 단단히 달라붙을 수 있다.

그림 설명

1: 일렉스오징어
학명: *Illex illecebrosus*
외투막 길이: 14cm

2: 왕관해파리
학명: *Netrostoma setouchina*
지름: 20cm

3: 덤불갯민숭달팽이
학명: *Dendronotus frondosus*
길이: 10cm

4: 표범무늬게
학명: *Hepatus epheliticus*
폭: 7.5cm

5: 상추갯민숭달팽이
학명: *Elysia crispata*
길이: 5cm

6: 진주담치
학명: *Mytilus edulis*
길이: 7.5cm

7: 튤립고둥
학명: *Fasciolaria tulipa*
길이: 13cm

8: 대서양가리비
학명: *Argopecten gibbus*
길이: 7.5cm

9: 동대서양백합
학명: *Chamelea gallina*
길이: 4cm
개펄이 섞인 모래 속에서 종종 발견된다.

10: 회색조무래기따개비
학명: *Chthamalus fragilis*
지름: 9mm
암컷이면서 수컷인 암수한몸도 있다.

11: 붉은깔개혹불가사리
학명: *Oreaster reticulatus*
지름: 24cm
어릴 때에는 녹색으로 몸을 위장하고 있다.

동물 박물관

2 전시실

어류

어류

상어

홍어와 가오리

조기어류

서식지: 산호초

어류

어류

어류는 무척추동물에서 진화한 최초의 척추동물이었다. 변온 동물이며, 여러 가지 환경의 물속에서 산다. 민물, 바닷물, 민물과 바닷물이 섞인 물, 얼음장처럼 차가운 물이나 열대의 따뜻한 물에서도 살고 있다. 3만 2,000종에 달하는 어류는 다른 척추동물들보다 다양성이 더 높다. 어류는 크게 네 종류로 나눈다. 칠성장어 같은 무악어류, 상어 같은 연골어류, 다랑어처럼 뼈대를 지닌 조기어류, 모든 육상 동물의 조상이라고 여겨지는 폐어 같은 총기어류다. 어류에 속한 네 종류의 집단은 수억 년에 걸쳐 어류가 진화해 온 다양한 단계들을 보여 준다.

원시적인 무악어류는 오늘날 대부분 멸종했지만 신체 특징인 '척삭'을 진화 유산으로 남겼다. 척삭은 등을 따라 뻗은 무른 막대로 가장 원시적인 등뼈에 속한다. 무악어류는 등뼈가 없는 무척추동물과 뼈로 이루어진 척추를 지닌 후손들을 잇는 중간 다리이기도 하다.

약 3억 9,500만 년 전, 조기어류 중 일부가 다리가 넷인 사지동물로 진화했다. 사지동물은 지구 역사상 최초로 공기 호흡을 하면서 뭍에 사는 생활에 적응한 동물이었다. 이러한 진화적 도약을 통해서 양서류, 파충류, 조류와 포유류가 출현했다.

그림 설명

1: 노랑촉수
학명: *Mullus surmuletus*
길이: 25cm
조기어류이며 촉수과의 한 종이다. 촉수 두 개가 턱 아래로 드리워진 생김새에 따라 이름이 붙여졌다. 촉수는 먹이를 찾는 데 쓰인다. 기분이나 수심, 시간에 따라 몸 색깔이 바뀐다.

2: 실러캔스
학명: *Latimeria chalumnae*
길이: 153cm
'살아 있는 화석'이라는 별명이 있다. 현생 총기어류 중 가장 오래된 종이며, 폐어와 가까운 친척간이다. 이미 멸종되었다고 여겨졌으나 1938년에 우연히 한 마리가 산 채로 잡혀 생존이 알려졌다. 야행성이고, 낮에는 굴속에 숨어 지낸다.

3: 홍연어
학명: *Oncorhynchus nerka*
길이: 72cm
적응력이 뛰어난 조기어류로서 어릴 때에는 민물 호수에서 살다가 짠물인 태평양으로 헤엄쳐 나와 산다. 알을 낳을 때가 되면 강을 거슬러 올라가 자신이 태어난 곳으로 돌아간다.

4: 칠성장어
학명: *Petromyzon marinus*
길이: 60cm
이 고대의 원시 어류는 턱이 없으며, 3억 년 전 바다에 살던 종에서 거의 진화하지 않은 듯하다. 날카로운 이빨이 가득한 빨판 같은 입으로 빨아들이듯 먹이에게 달라붙어서, 살을 도려내어 먹는다.

5: 대서양고등어
학명: *Scomber scombrus*
길이: 30cm
조기어류로 영국 주변 바다에서 가장 흔한 고등어 종이다. 몸이 날렵한 유선형이며, 장거리 이주를 한다고 알려져 있다. 아주 큰 무리를 지어 생활하고, 해수면 가까이에서 헤엄친다.

6: 산갈치
학명: *Regalecus glesne*
길이: 3m
좁고 긴 띠처럼 생긴 조기어류인 산갈치는 가장 긴 어류 종으로 기네스북에 올라 있다. 수심 1,000미터에 이르는 심해에 살며, 산 채로 발견된 적이 거의 없다. 뱀처럼 몸을 구불거리고 등지느러미'를 물결처럼 움직여서 헤엄치는 것으로 여겨진다.

어류

상어

상어는 약 4억 2,000만 년 전에 진화하여 나타났다. 오늘날에는 백상아리(학명: *Carcharodon carcharias*, 아래 그림)를 비롯하여 470여 종이 살고 있다. 백상아리는 길이가 6.1미터에 이르는 지구에서 가장 큰 포식성 어류다. 상어는 연골어류로, 뼈대가 단단한 뼈 대신에 무른 연골(물렁뼈)로 이루어져 몸이 가볍고 유연하다.

다른 어류와 달리, 상어의 피부는 매끄러운 비늘이 아니라 거친 방패비늘로 덮여 있어 꺼끌꺼끌하다. 알을 많이 낳는 상어도 있지만, 새끼를 낳는 종류도 있다. 상어는 물속에서 떠 있게 해 주는 기체가 담긴 주머니인 부레가 없다. 기름기 많은 간이 얼마간 부력을 주긴 한다. 부레가 없는 대신 상어는 하늘을 나는 새처럼 물속을 계속 나아가면서 적절한 수심을 유지한다. 그래서 후진을 할 수 없고, 움직임을 멈추면 가라앉기 시작한다.

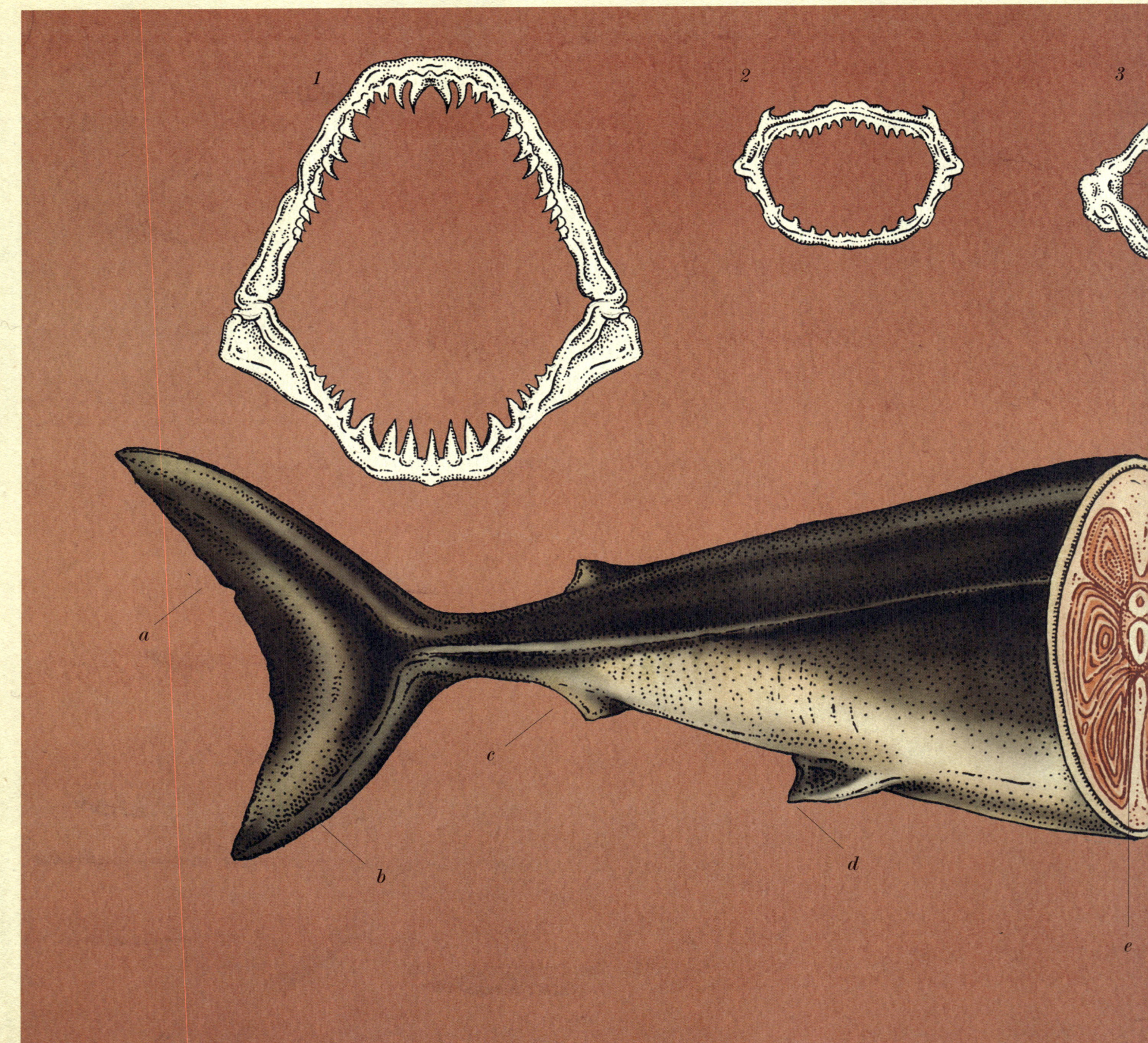

상어는 감각이 아주 예민하여 먹잇감이 내는 약한 전기 신호까지 감지할 수 있다. 몸에 전기 수용기가 있기 때문에 가지는 능력이다. 또 특수한 혈액 세포가 뇌와 눈을 따뜻하게 유지해 주어서 자극에 빨리 반응할 수 있다. 상어의 입에는 이빨이 몇 줄씩 있어 맨 앞줄이 닳으면, 뒷줄의 새 이빨이 앞으로 밀려나온다.

그림 설명

a: 꼬리지느러미 위쪽
b: 꼬리지느러미 아래쪽
c: 뒷지느러미
d: 배지느러미
e: 등뼈
f: 가슴지느러미
g: 아가미
h: 턱

1: **청상아리의 턱**
학명: *Isurus oxyrinchus*
뾰족한 이빨로 날쌘 먹이를 잡는다.
2: **꼬리기름상어의 턱**
학명: *Heptranchias perlo*
들쑥날쑥한 윗니로 파닥이는 먹이를 붙든다.
3: **삿징이상어의 턱**
학명: *Heterodontus zebra*
바다 밑바닥에서 먹이를 찾기에 알맞게 적응했다.
4: **카이트핀상어의 턱**
학명: *Dalatias licha*
아랫니들이 죽 이어져 커다란 먹이를 한입에 물고 살덩어리를 베어 낼 수 있다.
5: **흉상어의 턱**
학명: *Carcharhinus plumbeus*
물고기를 잡아먹는 생활에 알맞은 형태다.

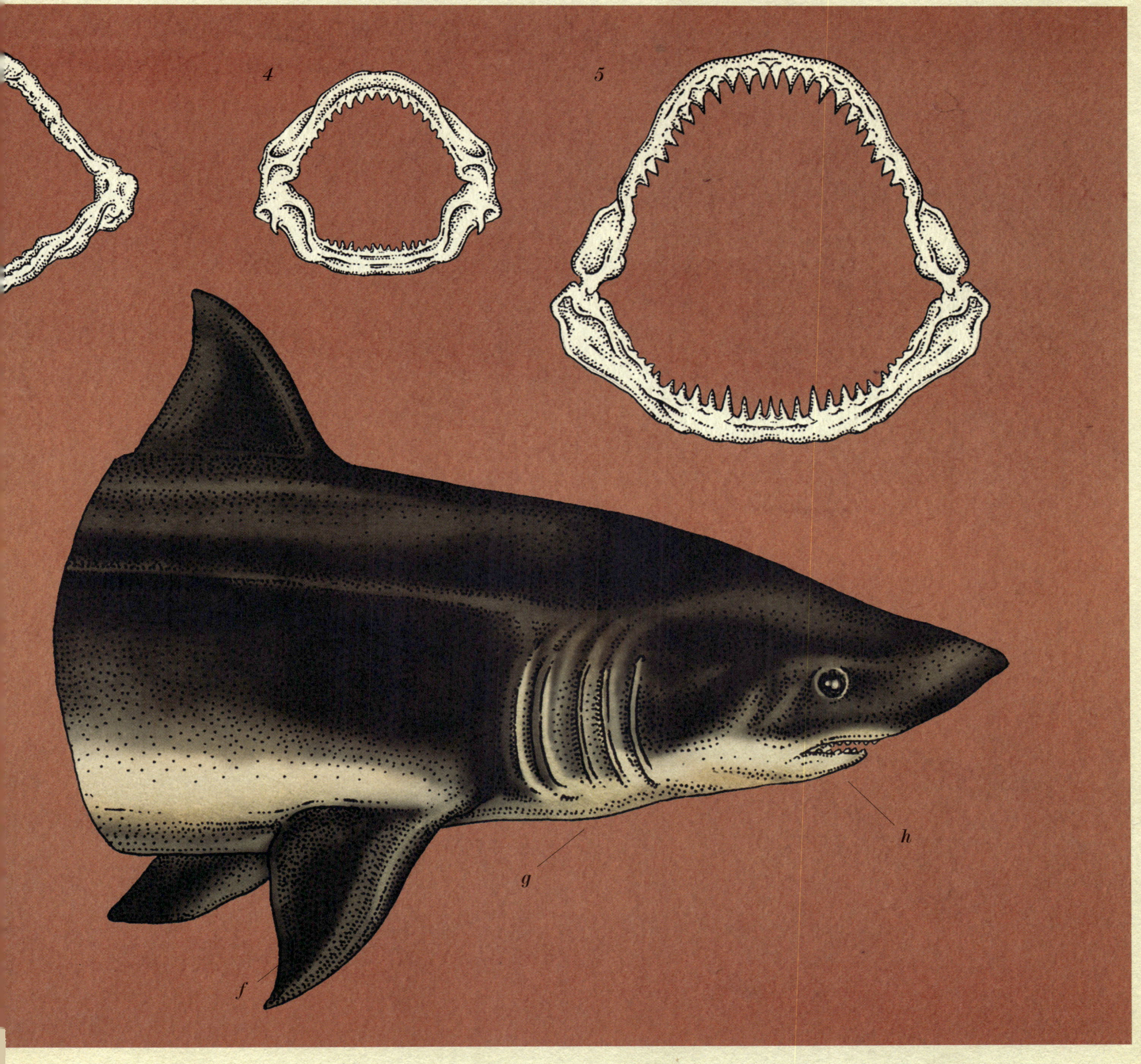

어류

홍어와 가오리

홍어와 가오리는 연골어류이며, 상어의 젊은 친척뻘이다. 이 바닷물고기들은 원반같이 넓고 납작한 몸에 길고 가는 꼬리가 달려 있다. 꼬리 끝에 독을 지닌 가시가 붙어 있는 종류도 있다. 마치 하늘을 나는 새처럼 '날개'를 펄럭거리면서 헤엄을 친다. 수면 위로 뛰어오르곤 하는 종도 있다.

사냥을 할 때면, 홍어와 가오리는 바닥에 몸을 숨긴 채 작은 물고기나 연체동물 또는 갑각류가 지나가기를 기다린다. 먼저 넓적하고 편평한 몸을 바닥에 찰싹 붙이고, 날개를 펄럭거려 모래를 휘저어서 뒤집어쓴다. 아예 몸에 위장해 주는 무늬가 나 있는 종도 있다. 이렇게 모래 밑에 숨으면 눈 뒤에 난 숨구멍으로 숨을 쉰다. 모래 속에 숨어 있을 때는 눈을 쓸 수 없으므로, 후각과 전기 수용 감각을 이용하여 먹이의 위치를 알아내서 사냥한다.

전기 수용 감각을 이용하여 사냥하는 포식자는 먹이의 신경계가 활동할 때 내는 약한 생체 전기장을 감지할 수 있다. 이 전류는 아주 약하지만 물속에서는 땅 위에서보다 감지하기가 더 쉽다. 공기보다 물에서 전기가 훨씬 더 잘 통하기 때문이다.

---------- 그림 설명 ----------

1: 대서양홍어
학명: *Raja clavata*
길이: 85cm
연 모양이며, 홍어 중에서 가장 흔한 종에 속한다. 하지만 개체마다 몸 색깔이 매우 달라서 알아보기 어려울 수 있다. 위턱에 이빨이 36~44줄쯤 나 있고, 꼬리는 길고 단단하며 위쪽에 가시들이 나 있다. 알은 검은 가죽질로 이루어진 주머니에 들어 있다. 알이 든 주머니는 인어의 지갑 또는 악마의 지갑이라는 별명으로도 불린다. 이 종은 최대 12년까지 살 수 있다.

2: 얼룩매가오리
학명: *Aetobatus narinari*
길이: 180cm
주로 열대 바다의 얕은 물에 산다. 수면 위로 뛰어오르는 것으로 알려져 있으며, 그러다가 우연히 배 안으로 떨어지곤 한다. 꼬리는 손상되지 않는다면 몸의 폭보다 세 배 이상 자랄 수 있지만, 그물에 걸려서 끊기가 쉽다. 이 종은 난태생이다. 즉 알을 몸속에서 부화시켜서 새끼를 낳는다.

3: 금모래홍어
학명: *Raja brachyura*
길이: 100cm
모래 색깔을 띠며, 유럽 주변의 바다와 지중해에서 산다. 수심 350미터에서 가장 많이 발견된다. 이빨이 60~90줄가량 나 있고, 작은 경골어류와 새우를 주로 잡아먹고 산다. 뿔이 달린 검은 알을 낳는데, 대서양홍어의 알과 비슷하게 생겼다.

4: 매끈홍어
학명: *Malacoraja senta*
길이: 59cm
심장처럼 하트 모양을 한 매끈홍어는 비교적 크기가 작은 종이다. 다른 홍어와 달리 어깨와 위쪽 배지느러미가 거친 방패 비늘로 덮여 있지 않고 매끄럽다. 대서양 북서부에 산다.

5: 지연가래상어
학명: *Rhinobatos productus*
길이: 114cm
등지느러미 모양 때문에 처음에는 상어로 착각했지만, 사실은 가오리의 일종이다. 낮에는 바다 밑에서 모래를 뒤집어쓴 채로 기다리다가 지나가는 먹이를 덮쳐서 잡아먹고, 밤에는 바닥 위를 돌아다니면서 먹이를 찾는다.

조기어류

 어류에 속한 종의 거의 99퍼센트가 조기어류다. 조기어류는 모두 관절로 이어진 등뼈를 지닌다. 이들은 '등뼈'라는 중요한 진화 형질이 발달하면서 혜택을 본 최초의 동물이었다. 지느러미는 뼈로 된 가시, 즉 지느러미살을 물갈퀴 같은 피부가 덮은 모양이다. 이렇게 생긴 지느러미 덕분에, 연골어류는 하지 못하는 후진과 같은 빠르고 복잡한 운동을 할 수 있다. 또 공기가 든 주머니, 즉 부레를 써서 부력을 일으켜 물속 깊이를 조절할 수 있다. 공기의 압력을 조절함으로써 물속에서 떠오르거나 가라앉는다.

 조기어류는 대부분 알을 낳는다. 후손이 살아남을 기회를 늘리기 위해 알을 한 번에 수백만 개씩 낳는 종류도 있다. 마찬가지로 생존 기회를 높이기 위해, 수천 마리씩 떼를 지어 다니는 종류도 있다. 큰 무리를 지으면 어느 한 마리가 포식자에게 잡아먹힐 위험은 줄어들기 때문이다. 물고기가 떼를 지어 한 몸처럼 헤엄치는 것을

가리켜 '무리짓기'라고 한다. 어린 물고기들은 이 기술을 배우기 위해 짝을 지어서 연습한다. 물고기가 무리짓기를 하려면 이웃하는 물고기들을 명확히 볼 수 있어야 한다. 그래서 어두워지면 대열이 흐트러져서 그냥 모여 있기만 한 물고기 떼가 된다. 조기어류에 속한 많은 종이 몸과 꼬리에 옆줄이 나 있다. 옆줄은 눈에 잘 띨 뿐 아니라, 수압 변화를 감지할 수 있어서 이웃들과 일정한 거리를 유지하는 데 도움이 된다.

─────────────── 그림 설명 ───────────────

유럽 농어
학명: *Perca fluviatilis*
길이: 60cm
a: 가시 등지느러미
b: 콩팥
c: 등뼈
d: 기름지느러미

e: 꼬리지느러미
f: 아가미
g: 심장
h: 간
i: 창자
j: 위장
k: 부레

l: 정소
m: 뒷지느러미

꼬리지느러미의 종류
1: 초승달형 꼬리지느러미
먼 거리를 빨리 헤엄칠 수 있다.
2: 오목형 꼬리지느러미

물의 항력을 줄일 수 있다.
3: 양엽형 꼬리지느러미
먼바다에서 속도를 낼 수 있다.
4: 원형 꼬리지느러미
갑자기 속도를 높일 수 있다.
5: 절단형 꼬리지느러미
한 곳에 가만히 있을 수 있다.

어류

서식지: 산호초

산호초는 바다 밑의 따뜻하고 맑고 얕은 곳에서 생기며, 색깔이 알록달록하고 생명이 우글거리는 환경이다. 산호초는 산호 폴립이라는 미세한 동물들이 수천 년 이상, 길게는 수백만 년에 걸쳐 서서히 만든 돌처럼 단단한 구조물이다. 전체 넓이는 비록 지표면의 1퍼센트도 채 안될 만큼 좁지만, 산호초는 해양 생물 종의 약 25퍼센트가 사는 서식지이기도 하다. 바다 얕은 곳에 자라는 산호초는 대부분 적도대이 있다.

산호초는 '바다의 우림'이라고도 불린다. 생물 다양성이 풍부하기 때문이다. 산호초에 사는 어류가 4,000종을 넘는다고 한다. 산호초에서는 다양한 어류들이 매우 활기차게 움직인다. 산호즈의 화려한 색깔 덕분에 물고기는 위장하여 몸을 숨기기 좋고 포식자를 혼란에 빠뜨리기도 쉽다. 많은 어류가 산호초에서도 특정한 구역에서만 지내기에, 자신들이 숨기 좋은 틈새와 구석을 속속들이 잘 안다.

산호초에는 산호 폴립에 밀어 넣기 좋도록 주둥이가 긴 물고기가 많다. 또 산호초에 사는 어류는 원양 어류처럼 장거리를 헤엄치지 않으므로, 오랜 시간 물을 가르며 나아가는 데 좋은 유선형 몸을 갖출 필요가 없다. 대신에 대부분 좁은 공간을 지나가기 좋게 몸이 양옆으로 납작한 모양이고, 산호 안팎을 요리조리 날쌔게 움직일 수 있도록 긴 지느러미를 지녔다.

그림 설명

1: **방가이카디널**
학명: *Pterapogon kauderni*
길이: 8cm
아침에 가장 활발하게 움직이며, 해가 질 때까지 먹이를 찾아 먹는다. 암수가 짝을 지어 함께 살면서 자기 영역을 지킨다.

2: **만다린피시**
학명: *Synchiropus splendidus*
길이: 6cm
겁이 많고 굼뜨면서 수동적인 물고기다. 포식자를 피해 산호에 숨어 지낸다. 위협을 받으면, 불쾌한 냄새를 풍기는 쓴 점액을 분비한다.

3: **프렌치엔젤**
학명: *Pomacanthus paru*
길이: 40cm
성체는 검은 바탕에 노란 점무늬가 있는 것과 달리, 어릴 때에는 노란 띠가 뚜렷이 나 있다. 노란 띠는 시간이 흐르면서 흐릿해진다.

4: **청록파랑비늘돔**
학명: *Sparisoma viride*
길이: 30cm
온종일 산호초에서 먹이를 잡아먹는다. 밤에는 즙액 주머니를 만들어서 침낭으로 삼는다. 도식자가 자신의 냄새를 맡지 못하게 하려는 것이다.

5: **흰동가리**
학명: *Amphiprion ocellaris*
길이: 8cm
암컷 한 마리가 수컷 서너 마리와 함께 산다. 암컷기 죽으면, 수컷 한 마리가 암컷으로 성을 바꾸어서 암컷의 자리를 대신한다.

동물 박물관

3 전시실

양서류

양서류

유미류

개구리류

서식지: 우림

양서류

양서류

양서류(amphibian)를 가리키는 영어 이름은 그리스어로 '물과 뭍 양쪽에 산다'를 뜻하는 암피비오스(amphibios)에서 유래했다. 우리말 이름도 양쪽에서 산다는 뜻이다. 양서류는 사는 동안 모습이 완전히 바뀌는 탈바꿈을 하는 것으로 유명하다. 최초의 양서류는 약 3억 7,000만 년 전 폐어로부터 진화하여 관절로 연결된 다리를 지닌 최초의 사지동물-발이 네 개인 동물-이었다. 약 1,000만 년 뒤, 포식자가 없는 육지에서 양서류는 지구의 지배자가 되었다. 당시 기후는 지금보다 훨씬 더 따뜻하고 습해서 양서류에게 알맞았다. 지금의 악어보다 더 크게 자라는 종류도 나타났다.

하지만 약 2억 5,000만 년 전, 파충류가 세력을 불리기 시작했다. 그 결과 양서류는 종도 개체수도 크게 줄어들었고, 오늘날에는 세 가지 주요 목만 남았다. 유미류, 무족영원류, 개구리오- 두꺼비 종류이다. 현재 살아 있는 종은 대부분 다리가 네 개씩 있다. 단, 무족영원류는 단단한 머리뼈로 굴을 파는 생활 방식을 받아들였고, 다리가 전혀 없다.

양서류는 변온 동물이며, 젤리 같은 알을 낳고, 주로 민물 환경에서 살아간다. 대부분이 원시적인 작은 허파가 있지만, 피부로도 호흡을 할 수 있다. 덕분에 물 밖으로 나가지 않고도 물속에서 계속 머물 수 있다. 그래서 많은 양서류들이 겨울에 연못 바닥이나 주변의 물속에서 추운 몇 달 동안 꼼짝하지 않은 채 겨울잠을 잘 수 있다.

―――――――――― 그림 설명 ――――――――――

1: 아홀로틀
학명: *Ambystoma mexicanum*
길이: 20cm
멕시코의 걷는 물고기라고도 알려졌다. '왈츠'에서 '훌라'로 이어지는 구애 춤을 춘 뒤에 교미를 한다.

2: 만다린도롱뇽
학명: *Tylototriton shanjing*
길이: 15cm
강한 독을 지닌 양서류로서, 비교적 몸집이 크고 억세다. 나이를 먹을수록 몸 색깔이 옅어진다.

3: 다윈개구리
학명: *Rhinoderma darwinii*
길이: 3cm
찰스 다윈이 칠레에서 발견한 종이다. 수컷은 울음주머니가 아주 큰데, 거기에 새끼를 담아 키운다.

4: 지렁이도롱뇽
학명: *Oedipina alleni*
길이: 13cm
라틴아메리카 고유종이며, 길고 가는 몸 생김새에 따라 이름이 붙여졌다. 허파가 아예 없고, 오로지 피부로 숨을 쉰다.

5: 토마토개구리
학명: *Dyscophus antongilii*
길이: 10cm
마다가스카르 고유종이며, 야행성이다. 낮에는 축축한 흙 속에 숨어 있다가 밤에 사냥하러 나온다.

6: 아르헨티나뿔개구리
학명: *Ceratophrys ornata*
길이: 18cm
이 험상궂게 생긴 종은 몸집이 크고 입이 아주 커서 '팩맨(Pac-man)'이라는 별명이 붙어 있다. 숨어 있다가 먹이를 덮친다.

7: 화이트청개구리
학명: *Litoria caerulea*
길이: 9cm
적응력이 뛰어나며, 오스트레일리아에서 흔히 발견된다. 위협을 받으면, 비명을 질러서 포식자가 될 동물을 쫓아 버린다.

양서류

유미류

    도롱뇽과 영원이 유미류에 속한다. 다른 양서류들처럼 피부가 매끄럽고 축축하며, 피부를 통해 산소를 흡수한다.(피부 호흡은 찬물에서 더 잘된다. 찬물에는 따뜻한 물보다 산소가 더 많이 녹아 있기 때문이다.) 유미류의 피부는 산소 흡수율이 아주 좋아서 어떤 종은 아예 허파가 없다.

    유미류는 산소가 통과할 수 있을 만큼 아주 섬세한 피부 덕분에 오염에 매우 민감하다. 그래서 오염된 물에서는 살기 어렵다. 과학자들은 어떤 지역의 환경이 건강한지 알아보기 위해 그곳에 사는 영원의 수를 세어 보기도 한다.

    도롱뇽 수컷은 번식기에 몸이 변함으로써 암컷에게 짝지을 준비가 되었음을 알린다. 산도롱뇽 수컷은 위 그림에서처럼 볏이 자라난다. 볏은 짝짓기가 끝나면 다시 몸에 흡수된다. 또 피부 색깔도 변한다. 평소에는 위장하

기에 좋은 갈색을 띠지만 번식기에는 눈에 잘 띄는 파란색과 주황색을 혼인색으로 띠게 된다. 짝짓기 후에 암컷이 낳는 알은 껍데기가 아니라 젤리로 감싸여 있다.

한편 일 년 내내 화려한 색깔을 띠는 도롱뇽도 있다. 몸에 독이 있어서 자기를 잡아먹으면 위험하다고 포식자에게 경고하는 것이다. 도롱뇽의 독샘에서 분비되는 독소는 아주 강력해서 사람도 죽을 정도이다. 하지만 이 독소는 포식자를 방어하기 위한 것으로 도롱뇽을 입으로 삼킬 때에만 위험하다.

도롱뇽과 영원의 또 한 가지 놀라운 특징은 다리를 잃으면 다시 자라난다는 것이다. 도롱뇽이나 영원의 다리는 재생이 된다!

―――――――――――――――― 그림 설명 ――――――――――――――――

1: 산도롱뇽
학명: *Ichthyosaura alpestris*
길이: 10cm

중부 유럽 전역의 숲과 산림에서 개울과 연못 주변에 산다. 추운 겨울에는 동면을 하고, 봄에 깨어난다. 밤에 먹이를 찾아 잡아먹는다.
수컷은 암컷에게 구애할 때 꼬리를 부채처럼 펼치고 춤을 춘다.

양서류

개구리류

　양서류는 한살이를 거치는 동안 일련의 변신을 한다. 몸의 형태가 바뀌는 '탈바꿈'을 겪는 것이다. 개구리는 자라면서 모습이 극적으로 바뀌는 '완전' 탈바꿈을 한다. 대부분의 개구리는 부모가 물에 덩어리로 낳아 놓은 알에서 부화하면 처음에는 올챙이이다. 올챙이는 물속에서 숨을 쉴 수 있는 아가미와 헤엄치기 위한 꼬리가 달려 있다. 올챙이는 물속에서 주로 물풀을 뜯어 먹고산다.

　시간이 지나면, 올챙이의 몸에서 허파가 생기고 네 다리와 커다란 턱이 자라기 시작한다. 아가미와 꼬리는 물에서 뭍으로 갈 준비를 갖추는 새에 서서히 사라진다. 눈, 혀, 다리는 점점 커지고, 때가 되면 올챙이는 곤충을 잡아먹는 개구리로 변신한다. 때로는 하루 사이에 올챙이가 개구리로 변신하기도 한다.

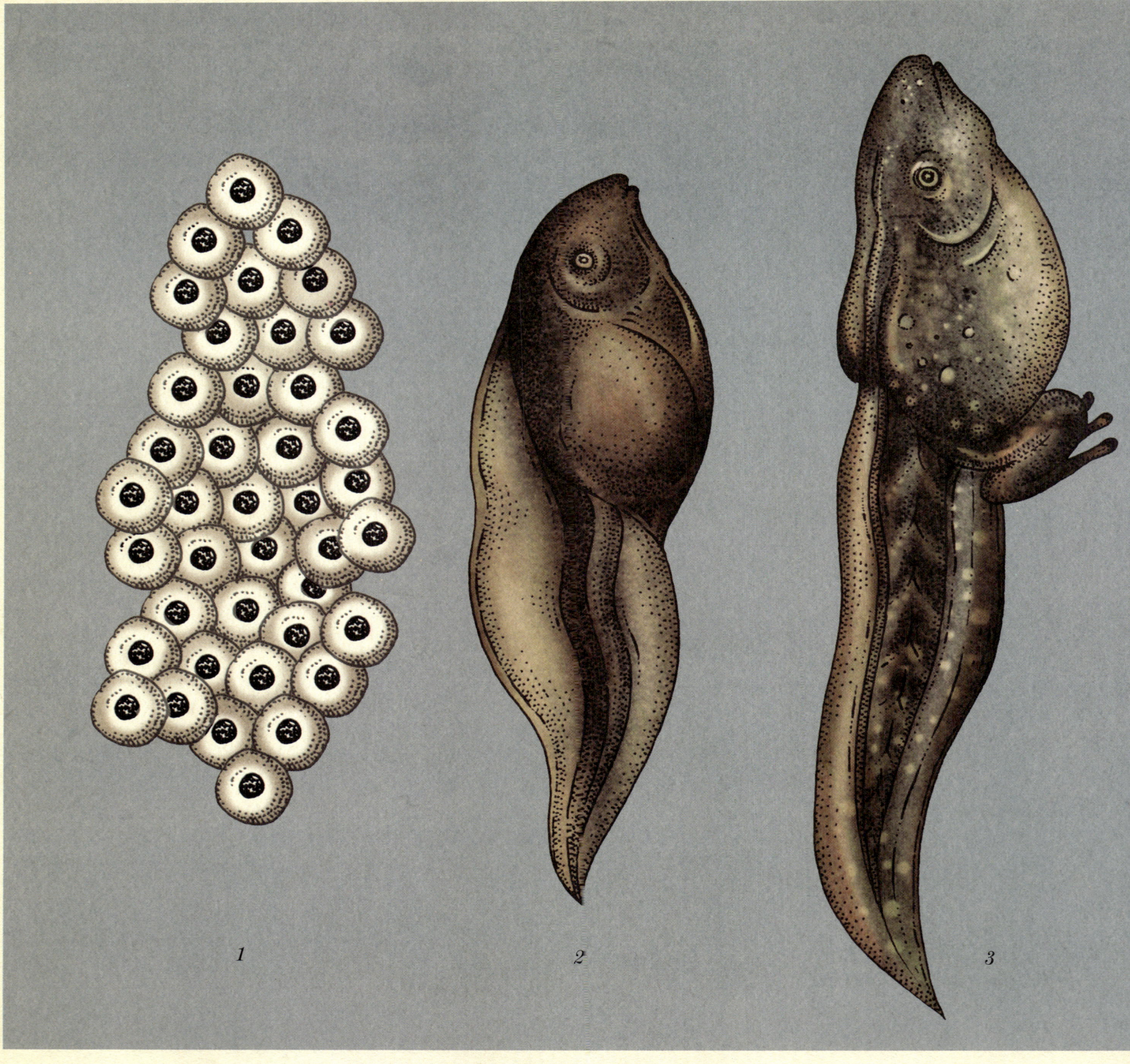

1　　　　　　　　2　　　　　　　　3

개구리 중에서 많은 종이 흥미로운 방식으로 새끼를 돌본다. 다윈개구리 수컷처럼 입 속에서 새끼를 키우는 종도 있고, 주머니개구리 암컷처럼 등에 있는 피부 주머니 안에 알을 넣어 안전하게 키우는 종도 있다.

개구리 성체는 대부분 뒷다리가 튼튼해서 높이 뛰고 헤엄도 잘 친다. 높은 곳에 기어올랐다가 공중으로 뛰어서 활공할 수 있는 종도 있다. 개구리는 청력이 발달했고, 큰 소리로 울 수 있어서 울음소리로 멀리 있는 다른 개구리들과 서로 의사소통을 할 수 있으며, 피부가 독특한 색깔을 띤다. 개구리의 피부는 몸을 위장하기 위해 반점과 은은한 무늬를 띠기도 하고, 포식자를 물리치기 위해 선명하고 화려한 색깔을 띠기도 한다.

―――――――――――――――― 그림 설명 ――――――――――――――――

유럽산개구리
학명: *Rana temporaria*
1: 개구리 알

2: 올챙이
3: 뒷다리가 난 올챙이
4: 꼬리가 남은 어린 개구리

5: 개구리 성체
알에서 깨어난 올챙이가 개구리가 되기까지 12~16주가 걸린다.

양서류

서식지:
우림

열대 우림은 일 년 내내 비가 많이 내리는 덕분에 나무와 풀이 빽빽하게 자라난 무더운 곳이다. 적도에서 가까운 지역에 발달했으며, 세계 동식물 종의 절반 이상이 살고 있다.

열대 우림은 양서류에게 아주 적합한 서식지이다. 아마존 유역에만 1,000종이 넘는 개구리가 산다. 잦은 비로 따뜻하고 습한 환경이 형성되어, 양서류는 피부를 축축하게 유지할 수 있고 숨을 쉴 수 있다. 그 결과 다른 곳에서는 불가능한 생활 방식을 받아들인 개구리들이 많다. 이를테면 포식자가 닿지 못하는 나무 위에 살면서 나뭇잎에 알을 낳는 개구리도 있다.

어떤 개구리들은 이 나무에서 저 나무로 옮겨 다니기 위해 활공 능력을 발달시켰다. 공중에서 떨어지면서 옆구리에서 발가락까지 늘어져 있는 피부를 넓게 펼쳐 활공하여 15미터까지 이동할 수 있다.

독화살개구리처럼 가장 널리 알려진 개구리들도 열대 우림 서식지에 산다. 독화살개구리는 피부가 화려하고 선명한 색깔을 띠어 치명적인 독이 있다고 포식자에게 경고한다. 독화살개구리의 독은 독소를 지닌 개미를 먹어서 얻는 것이다.

그림 설명

1: 파란독화살개구리
학명: *Dendrobates azureus*
길이: 4.5cm
피부 전체에 퍼져 있는 샘에서 독소를 분비한다. 공격성이 강하며, 다른 개구리가 자기 영역을 침입하면 맞서 싸운다. 수컷은 노래를 불러 짝짓기할 암컷을 유혹한다.

2: 붉은눈청개구리
학명: *Agalychnis callidryas*
길이: 6.4cm
이름처럼 붉은 눈은 밤에 돌아다니는 야행성 생활 방식에 적응하면서 나타난 형질로 보인다. 발바닥에 난 빨판 덕분에 나무를 아주 잘 탄다.

3: 왁시몽키청개구리
학명: *Phyllomedusa sauvagii*
길이: 7.6cm
연못 위로 드리워진 잎에 알을 낳고서 잎을 겹쳐서 보호한다. 부화한 올챙이는 바로 밑의 물로 떨어진다. 수분 손실을 줄이기 위해 방수 효과가 있는 분비물로 몸을 덮는다.

4: 혹독화살개구리
학명: *Oophaga granulifera*
길이: 2cm
수컷은 텃세를 아주 강하게 부리며, 끊임없이 울면서 이곳이 자신의 번식지임을 알린다. 수컷의 울음소리는 짝을 꾀고 다른 수컷들을 막는 역할을 한다.

5: 세로판도도롱뇽
학명: *Bolitoglossa compacta*
길이: 6cm
도롱뇽 중에 보기 드문 종으로서 몸집은 중간 크기이고, 발가락에 물갈퀴가 조금 달려 있다. 유달리 아주 긴 시간 동안 새끼를 돌본다. 8개월까지 돌볼 때도 있다.

6: 톰슨무족영원
학명: *Caecilia thompsoni*
길이: 1m
콜롬비아 고유종이며 지렁이처럼 생긴 무족영원류 중에서 가장 크다. 단단한 머리뼈와 뾰족한 주둥이로 굴을 판다. 삼림이 파괴되며 멸종 위기에 처해 있다.

동물 박물관

4 전시실

파충류

미국독도마뱀

거북류

뱀류

악어류

서식지: 사막

파충류

미국독도마뱀(힐러몬스터)

파충류는 약 3억 2,000만 년 전 양서류로부터 진화했다. 물을 떠나 살아가는 최초의 대형동물이었다. 비늘이 몸의 수분이 빠져나가지 않게 막은 덕분에 땅에서 살 수 있게 되었다. 파충류의 대다수는 껍데기로 감싸인 알을 낳는 방향으로 적응했다. 알껍데기가 수분 상실을 막아 주기 때문에 육지에서 번식을 할 수 있었다. 어떤 종은 몸속에서 알을 부화시켜 새끼를 낳는다. 파충류는 양서류보다 땅 위를 더 수월하게 걸어 다닐 수 있는 해부 구조를 갖추었다. 파충류(reptile)란 이름은 '기어 다닌다'는 뜻의 라틴어 렙틸리스(reptilis)에서 나왔다.

물 밖 환경에 적응하는 형질이 발달하며 육지로 올라온 초기 파충류는 포식자가 거의 없는 환경에서 크게 불어났다. 몸집도 거대해졌고 수도 엄청나게 늘어났다. 그러다가 공룡이 등장했다. 공룡은 약 1억 3,500만 년 동안 동물의 세계를 지배했다. 그리고 6,500만 년 전, 대량 멸종으로 공룡이 사라졌다. 이 공룡 멸종 사건 이

래로, 파충류는 몸집도 수도 줄어들었다.

    지금의 파충류는 앞서 살았던 공룡들과 많은 공통점을 지닌다. 파충류는 바깥 온도에 따라 체온이 변하는 변온 동물이며, 양지와 음지 사이를 오가며 체온을 조절한다. 한편 잘린 다리나 꼬리를 재생할 수 있는 종이 많고, 카멜레온 같은 몇몇 종은 몸 색깔을 바꿀 수 있다. 생명의 나무에서 파충류는 중요한 진화적 연결고리가 된다. 조류와 그 뒤에 나타난 포유류는 모두 파충류에서 진화해 나타났다. 이들의 관계는 매우 가까워서, 사실 크로커다일과 같은 현생 파충류는 도마뱀보다 초기의 조류와 더 많은 유전자를 공유한다.

그림 설명

1: 미국독도마뱀(힐러몬스터)
학명: *Heloderma suspectum*
길이: 56cm
독 있는 도마뱀으로 북아메리카에 살고, 주로 땅속에서 지낸다. 알과 작은 동물을 주로 먹는데, 둥지에서 갓 부화한 새끼나 알을 먹이로 삼곤 한다. 야생에서는 1년에 5~10번만 먹는다. 하지만 먹을 때는 한 번에 많으면 자기 체중의 3분의 1에 이르는 양까지 게걸스럽게 먹어 치운다.

a: 미국독도마뱀의 머리뼈와 이빨
속이 빈 독니를 지닌 독사와 달리, 미국독도마뱀은 아래턱에 홈이 있는 아주 커다란 이빨이 나 있다. 먹이를 깨물면 이빨에 난 홈을 타고 독이 흘러 들어간다.

파충류

거북류

거북은 바다거북, 육지거북, 민물거북이 있으며, 모두 파충류의 일종인 거북목에 속한다. 거북목(Testudines)의 영어 이름은 고대 로마의 병사들이 몸을 보호하기 위해 썼던 방패(testudo)에서 따왔다. 모든 거북 종은 방패 같은 단단한 등딱지를 지닌다. 지금의 거북은 선사 시대의 조상과 해부 구조가 거의 같다. 거북은 2억 2,000만 년도 더 전에 처음 나타났기 때문에 모든 뱀, 도마뱀, 악어보다 더 오래된 동물이라 할 수 있다.

거북의 등딱지는 몸에 붙어 있다. 벗기거나 떼어 낼 수가 없는 보호 갑옷과 같다. 육지에 사는 거북은 등딱지가 높이 솟은 반구형인 반면, 물에 사는 종은 더 납작하다. 거북이 머리를 등딱지 속으로 숨길 때, 머리를 어깨 옆으로 접는 종도 있고, 목과 머리를 뒤로 움츠리는 종도 있다. 상자거북의 배딱지는 몇 개의 뼈판이 연결된 형태인데, 경첩 같은 인대가 붙어 있어서 꽉 닫을 수 있다.

수컷은 정교한 구애 행동을 통해 암컷을 꾀곤 한다. 짝짓기를 한 암컷은 알을 낳는다. 알을 낳은 장소의 온도에 따라서 깨어나는 새끼의 성별이 정해진다.(크로커다일류와 일부 도마뱀도 같은 특징을 지닌다.)

― 그림 설명 ―

1: 바다거북
학명: *Chelonia mydas*
길이: 150cm
몸집이 커다란 바다거북은 주로 해조류를 뜯어 먹고사는 초식성이다. 대서양과 태평양의 열대 해역에 많이 산다.

2: 서부비단거북
학명: *Chrysemys pictabellii*
길이: 25cm
하루에 몇 시간씩 햇볕에 몸을 덥히는 것으로 알려졌다. 특히 아침 일광욕을 즐겨 한다. 미국에서는 서부비단거북들이 통나무 위에 몇 마리씩 뒤엉켜서 햇볕을 쬐는 모습을 흔히 볼 수 있다.

3: 블랜딩거북
학명: *Emydoidea blandingii*
길이: 20cm
배딱지 앞쪽에 보호 장치 역할을 하는 인대가 달려 있다. 나무 열매, 물고기, 개구리 등 다양한 먹이를 먹고사는 잡식성이다.

4: 다이아몬드거북
학명: *Malaclemys terrapin*
길이: 15cm
온순한 종으로 미국 동부 해안에 있는 담해수성 석호, 조간대, 모래 해변에서 산다. 마구잡이로 잡아들인 데다 서식지가 파괴되어 거의 멸종했다.

5: 표범거북
학명: *Geochelone pardalis*
길이: 50cm
아프리카 사바나 서식지에 사는 커다란 거북이로 100세까지도 살 수 있다. 움켜질 수 있는 발톱을 이용하여 날쌔게 걷거나, 힘차게 헤엄치거나, 여기저기 잘 기어오른다.

6: 인도별거북
학명: *Geochelone elegans*
길이: 28cm
물에 잘 견디므로, 계절풍이 부는 몬순 계절에 여기저기서 볼 수 있다. 등딱지가 반구형이라서 뒤집혀도 혼자 힘으로 쉽게 몸을 바로 세울 수 있다.

파충류

뱀류

뱀류는 다리가 없고 몸이 관처럼 길쭉하다는 특징이 있다. 뱀은 진화 과정에서 다리를 잃은 도마뱀의 후손이라고 여겨진다. 몸이 좁고 길쭉하기 때문에 콩팥처럼 쌍으로 있는 기관들은 나란히 자리하는 대신에 앞뒤로 놓인다. 게다가 대부분의 뱀은 허파가 아예 한쪽만 있다. 길고 유연한 등뼈 덕분에 자유자재로 몸을 움직일 수 있다.

뱀은 약 3,400종이 있으며, 남극 대륙을 뺀 모든 대륙에 산다. 모두 육식성이고, 크고 유연한 턱을 지닌다. 턱이 크게 벌어져서 자신의 머리보다 훨씬 더 큰 먹이까지 삼킬 수 있다. 이빨이 씹는 용도가 아니라 죽이는 용도로 발달했기에, 뱀은 먹이를 통째로 삼킨다. 삼킨 먹이가 소화되면서 몸속을 천천히 지나가는 모습을 겉으로 알아볼 수 있을 때도 있다.

뱀의 후각은 매우 뛰어나며, 방향도 감지할 수 있다. 뱀은 후각과 갈라진 혀를 이용하여 먹이를 추적한다. 종마다 나름의 공격법이 있다. 10종 중에 약 1종은 독니로 물어서 먹이에 독을 주입한다. 한편, 몸으로 먹이를 친친 감아서 옥죄어 죽이는 종도 있다.

─────────────── 그림 설명 ───────────────

1: 애리조나산호뱀
학명: *Micruroides euryxanthus*
길이: 0.5m
북아메리카의 건조한 관목 지대에 산다. 화려한 띠무늬는 독사라는 경고다. 사실 이 종의 독은 코브라의 독과 비슷하지만, 코브라보다 몸집이 작아서 독성이 약하다.

2: 파라다이스나무뱀
학명: *Chrysopelea paradisi*
길이: 1.2m
동남아시아의 숲에 사는 종이며, 나무를 아주 잘 탄다. 높은 가지에서 공중으로 뛴 다음, 몸을 납작하게 펼쳐서 나무 사이를 활공하는 능력이 있다.

3: 붉은비단뱀
학명: *Python curtus brongersmai*
길이: 1.5m
인도네시아의 열대 습지에 살며, 독은 없다. 몸이 짙은 빨간색을 띠고 있다. 암컷은 똬리를 틀어 알을 품는다. 이때 몸을 부르르 떨어 올리는 체온으로 알을 덥힌다.

> 파충류

악어류

악어에는 크로커다일류와 앨리게이터류가 있으며, 둘은 약 1억 4,000만 년 전 공통 조상에서 갈라진 친척이다. 공룡 같은 다른 파충류들이 멸종할 때 악어의 조상들은 어떻게든 살아남았다. 악어의 조상은 무시무시한 포식자였고, 오늘날의 크로커다일이나 앨리게이터보다 몸길이가 2배는 더 컸다.

현재 살아 있는 종들은 조상의 체형과 이빨이 가득한 크고 무시무시한 턱을 물려받았다. 악어는 헤엄을 잘 친다. 물속에서는 이동 속도가 시속 30킬로미터를 넘기도 한다. 악어는 육식 동물이며, 물속과 바깥을 가리지 않고 어떤 동물이든 사냥한다. 악어의 턱이 고기를 씹기보다는 찢기에 알맞게 발달했기에, 악어는 영양 같은 큰 먹잇감을 턱으로 꽉 문 뒤 '죽음의 회전'을 시킨다. 고기 덩어리가 뜯겨질 때까지 물속에서 먹이를 빙빙 돌리는 것이다.

크로커다일(crocodile)이라는 이름은 '돌의 동물'이라는 뜻의 그리스어 크로코딜로스(krokodilos)에서 나왔다. 한편 앨리게이터(alligator)라는 이름은 도마뱀을 뜻하는 스페인어 엘라가르토(el lagarto)에서 나왔다. 악어는 사회성이 있고 소리를 낸다. 강둑이나 호수에서 무리를 지어서 서로 대화를 나누기도 한다. 악어 암컷은 새끼를 지킬 때는 아주 사나워진다. 새끼는 최대 2년까지 돌본다.

악어는 밤눈을 비롯하여 감각이 아주 뛰어나며, 턱에 분포한 감각 수용기들을 통해 물속에서 먹이의 움직임을 감지할 수 있다. 목구멍에 밸브 역할을 하는 막이 있어서, 물속에서 주둥이만 내밀고 있을 때에는 목에서 호흡기로 이어지는 통로를 닫는다. 숨은 물 밖으로 나온 콧구멍으로 쉰다. 눈, 귀, 콧구멍이 머리 꼭대기에 달려 있어서, 머리를 물에 거의 담근 채 숨어서 먹이를 기다린다. 귀는 아직 깨어나지 않은 알 속에서 자라는 새끼의 울음소리까지 들을 수 있을 정도다.

그림 설명

1: 나일악어
학명: *Crocodylus niloticus*
길이: 5m
나일악어는 지구에서 두 번째로 큰 파충류이며, 무시무시한 식인 악어라는 명성이 있다. 일 년에 나일악어에 물려서 죽는 사람의 수가 많으면 200명에 이른다고 한다. 나일악어는 주로 밤에 돌아다니며, 한낮에 햇볕이 너무 뜨거워지면 시원한 땅속 굴로 피신하기도 한다. 다른 악어들과 마찬가지로, 엉덩이와 발목의 관절이 매우 유연해서 뭍에서 아주 잘 걷는다.

a: 머리뼈
b: 어깨뼈
c: 위팔뼈
d: 발목뼈와 자뼈
e: 갈비뼈
f: 종아리뼈와 정강뼈
g: 넓적다리뼈
h: 꼬리뼈

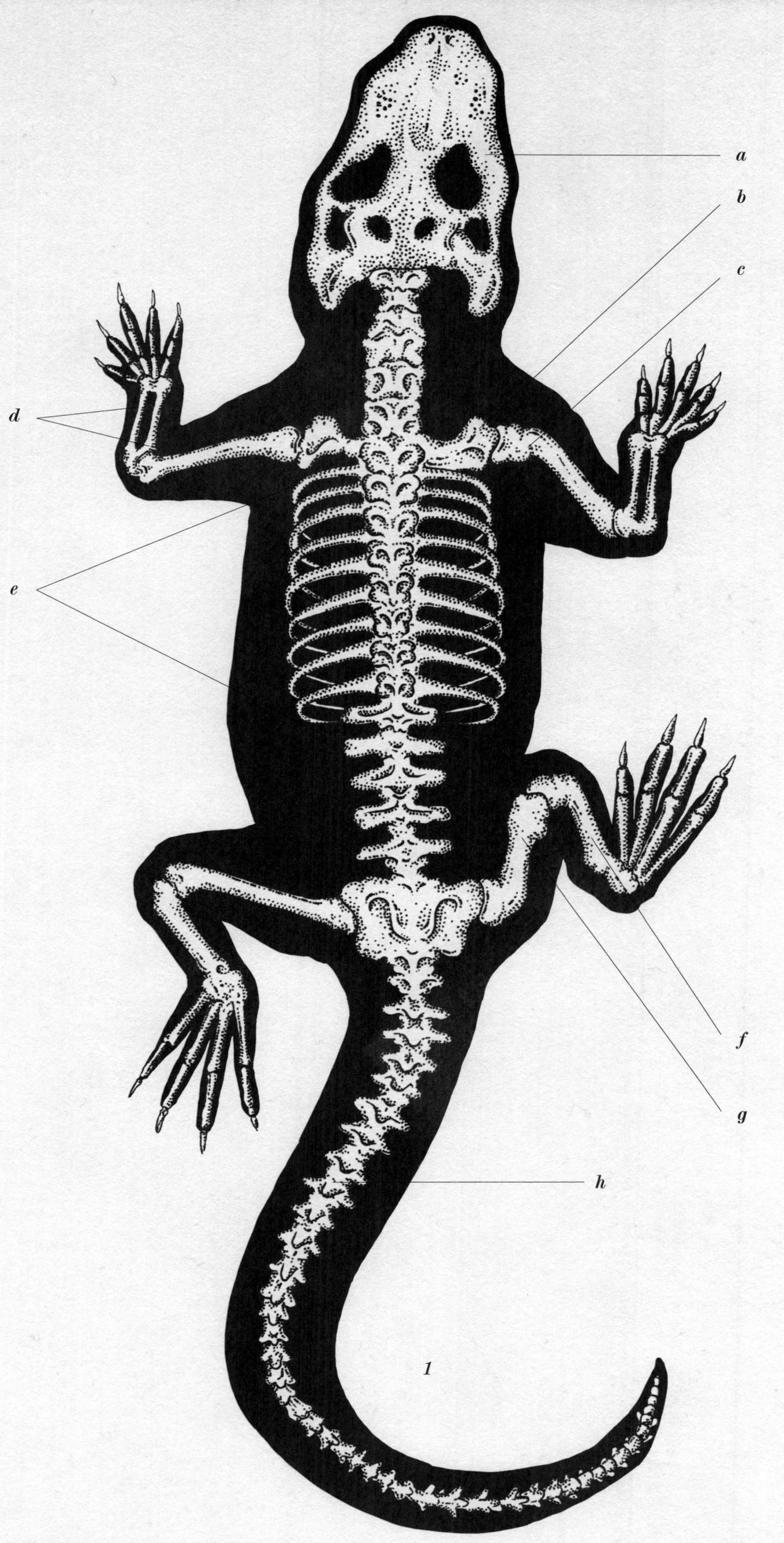

파충류

서식지: 사막

사막은 기후가 극도로 건조한 지역을 말한다. 비가 거의 내리지 않아서 식물이 거의 자랄 수 없는 곳이다. 춥고 헐벗은 산악 지대에 형성된 사막도 있지만, 세계에서 가장 넓은 사막들은 아프리카의 사하라 사막처럼 태양이 극도로 뜨거운 지역에 있다. 사막에서는 낮에는 타는 듯한 열기가 느껴지더라도 밤이 되면 온도가 급격히 떨어질 수 있다. 그래서 이 서식지에 사는 종은 극심한 온도 변화에 대처해야 한다.

온도가 아주 높았다가 낮아지므로 암석이 빨리 풍화하여 고운 모래로 부서져 바닥에 쌓인다. 이처럼 건조한 환경에서는 땅에 뿌리를 내리고 살아남을 수 있는 식물이 거의 없다. 즉 흙을 붙잡아 둘 초목이 거의 없다는 뜻이다. 그래서 모래가 바람에 쉽게 흩날리며, 바람에 따라 다양한 모양의 모래 언덕이 형성된다. 이렇게 만들어진 모래 언덕은 바람이 불 때마다 모양이 계속 변한다.

파충류는 물이 거의 없어도 생존할 수 있기 때문에 사막 환경에서 살아가는 데 아주 적합하다. 도마뱀은 뜨거운 해가 내리쬘 때면 입을 쩍 벌려서 열을 내보낸다. 파충류는 땀을 흘려 몸을 식힐 수가 없기 때문에, 가장 뜨거운 시간에는 바위 밑에 숨어 지낸다. 그러다가 해가 지기 시작하고 모래에는 아직 체온을 적당히 유지해 줄 만큼 열기가 남아 있을 때 나와 사냥을 한다. 모래 밑에 숨어 있다가 지나가는 먹이를 잡는 종이 많다.

그림 설명

1: 사막왕뱀
학명: *Lampropeltis getula splendida*
길이: 1.2m
독이 없는 뱀이지만, 방울뱀 같은 독이 있는 동물도 먹어 치울 수 있다. 위협을 느끼면, 등을 대고 드러누워 가만히 죽은 척한다.

2: 바하칼리포르니아목도리도마뱀
학명: *Crotaphytus vestigium*
길이: 9cm
추운 겨울에는 바위 밑에서 겨울잠을 자고, 따뜻한 계절에 활동한다. 달릴 때에는 뒷다리로 버티고 일어서서 두 발만으로 달린다.

3: 검은꼬리방울뱀
학명: *Crotalus molossus*
길이: 97cm
위협을 받으면 꼬리를 흔들어서 소리를 내어 경고하기 때문에 방울뱀이라 불린다. 독니를 통해 독이 주입되면 피가 굳지 않기 때문에, 먹이는 계속 피를 흘리다가 죽는다.

4: 서부줄무늬도마뱀붙이
학명: *Coleonyx variegatus*
길이: 10cm
밤에 돌아다니면서 곤충, 거미, 어린 전갈을 사냥한다. 위협을 받으면, 꼬리를 말아 머리 위에 올려서 전갈인 척한다. 필요하면 꼬리를 떼고 달아난다. 하지만 꼬리에는 에너지가 저장되어 있기 때문에 위험 부담이 큰 전략이다.

동물 박물관

5 전시실

조 류

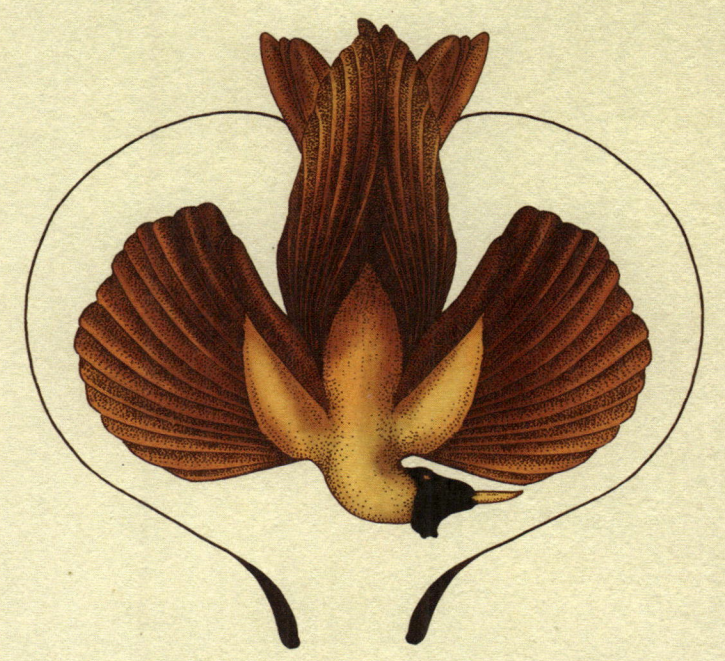

날지 못하는 새

펭귄

앨버트로스

홍학, 황새, 따오기, 왜가리

맹금류

별난 새들

올빼미

서식지: 숲

조류

날지 못하는 새

조류는 약 1억 5,000만 년 전 나무 위에서 살던 공룡으로부터 진화하여 나타났다. 생명의 나무에서 이 가지에 속한 동물 집단들 중에서 약 6,500만 년 전 공룡을 죽인 대량 멸종에서 살아남은 것은 조류와 악어류뿐이다. 고대 파충류와 마찬가지로, 초기 조류도 육식성이었다. 조류는 그 뒤로 대단히 다양해졌고, 지금은 지구의 모든 대륙과 서식지에 산다.

조류는 모두 몸에서 에너지를 만들어 체온을 일정하게 유지하는 정온 동물이며, 두 다리와 파충류의 앞다리에서 진화한 날개 한 쌍, 깃털, 부리, 가벼운 뼈대를 갖고 있다. 조류도 파충류처럼 유성 생식을 하며 단단한 껍데기로 감싸인 알을 낳는다. 알에서는 병아리 같은 새끼가 깨어난다.

생명의 나무에서 파충류와 현생 조류를 연결하는 원시적인 종들은 고악류다. 고악류는 땅 위에서 생활하며 대부분 날지 못한다. 고악류란 이름은 '오래된 턱'을 뜻하는 그리스어에서 왔다. 주둥이가 파충류의 입처럼 생겼기 때문이다. 또한 깃털 없이 비늘로 뒤덮인 다리 역시 이들이 파충류 조상의 핏줄임을 드러낸다.

───────────────── 그림 설명 ─────────────────

1: 타조
학명: *Struthio camelus*
키: 2.4m
지구에서 가장 크고 가장 빨리 달리는 새다. 시속 70킬로미터까지 속도를 낼 수 있다. 힘센 긴 다리로 성큼성큼 뛰어서 보폭이 약 5미터에 이른다. 타조의 발에 차이면 사자도 죽을 만큼 세다고 알려져 있다!

2: 큰화식조
학명: *Casuarius casuarius*
키: 1.7m
머리에 뿔처럼 난 돌기와 파랗고 붉은 목, 피부가 목 앞으로 늘어진 두 개의 빨간색 육수가 눈에 띄어 쉽게 알아볼 수 있다. 안쪽 발가락에 단검 같은 발톱이 달려 있어서 상대를 막거나 찌르는 데 쓴다.

3: 큰화식조 알
길이: 13.8cm
큰화식조는 수컷이 알을 품고, 알에서 깬 새끼들을 홀로 키운다.

4: 타조 알
길이: 15cm
새알 중에서 가장 크다. 암컷은 우두머리 암컷의 둥지에 알을 낳는다.

조류

펭귄

펭귄은 남반구의 해안 지역에 산다. 곧게 선 자세와 독특한 흑백 깃털 때문에 보는 즉시 펭귄임을 알아볼 수 있다. 펭귄의 깃털 색깔은 육지에서는 쉽게 눈에 띄지만, 물속에서는 몸을 위장하는 데 도움이 된다. 검은 등은 위에서 보면 거무스름한 바다 색깔과 잘 어울리고, 흰 배는 밑에서 올려다볼 때 해와 얼음의 밝은 색깔과 잘 들어맞는다. 이처럼 동물이 겉으로 드러나는 부위는 어두운색, 그늘에 숨겨지는 부위는 밝은색을 띠는 현상을 '방어피음'이라고 한다.

펭귄은 육지에서는 뒤뚱거리고 전혀 날지 못하지만, 물속에서는 날쌔고 민첩하게 헤엄친다. 날개와 물갈퀴가 달린 커다란 발이 오리발 같은 역할을 하도록 적응한 덕분이다. 하지만 펭귄의 조상은 분명히 날 수 있었다. 사실 펭귄은 다른 날지 못하는 새들이 아니라 앨버트로스와 훨씬 더 가까운 친척 간이다.

펭귄 종은 대부분 춥고 혹독한 환경에서 살아남을 수 있도록 진화해 왔다. 빽빽하게 난 깃털은 방수가 되고 단열 효과도 탁월하다. 얼음 위에 서 있어도 발이 얼지 않게끔 피가 특별한 방식으로 흐르도록 되어 있다. 그럼에도 이처럼 혹독한 환경에서 알을 품기란 쉽지 않다. 그래서 펭귄은 알을 하나만 낳아서 얼음에 닿지 않게 발 위에 올려놓고 깃털로 알을 감싼다. 펭귄 부모는 주의 깊게 새끼를 돌보며, 교대로 물고기를 잡아 와서 새끼에게 먹인다.

그림 설명

1: 황제펭귄
학명: *Aptenodytes forsteri*
키: 1.1m

펭귄 종 중 가장 크다. 지구에서 가장 혹독한 기후에 속하는 남극 대륙에 산다. 사회성이 강하며, 수만 마리씩 큰 무리를 지어서 산다.
체온을 유지하기 위해, 황제펭귄들은 옹기종기 달라붙어 지낸다. 차례로 찬바람이 몰아치는 무리 바깥쪽에 서 있다가 따뜻하고 안전한 안쪽으로 옮겨가기를 번갈아 한다.
황제펭귄의 먹이는 주로 물고기다. 먹이를 구하러 갈 때면, 한 번에 1,000킬로미터 넘는 거리를 여행한다! 몸은 헤엄치기에 좋은 유선형이며, 깃털은 물을 밀어내는 기름으로 뒤덮여 있다. 덕분에 물속에서도 젖지 않고 따뜻하게 체온을 지킬 수 있다. 물에 들어가면 한 번에 18분까지 잠수할 수 있다. 다른 새들은 뼈에 공기가 들어 있어서 가볍지만, 펭귄은 뼈 속이 꽉 채워져 있다. 그래서 압력 손상을 겪지 않으면서 450미터 깊이까지 들어갈 수 있다. 압력 손상은 몸속의 기체가 팽창하여 주변 조직을 손상시키는 치명적인 현상이다.
황제펭귄은 독특한 번식 주기로도 유명하다. 남극 대륙의 겨울인 5~6월에 번식을 한다. 이 시기에는 다른 동물들이 아예 살지 않아서 포식자의 위험이 줄어들기 때문이다.
황제펭귄은 내륙으로 80킬로미터까지 들어가서 알을 낳는다. 암컷이 알을 낳으면, 짝인 수컷이 발 위에 올려놓고 뱃가죽을 주머니처럼 씌워서 품는다. 암컷은 먹이를 구하러 가고, 수컷은 시속 190킬로미터에 이르는 세찬 바람에 맞서며 영하 40도의 추위로부터 알을 지킨다. 이때 수컷은 아무것도 먹지 않고서 몸에 모아 둔 체지방만으로 버틴다. 새끼가 깨어날 때쯤 암컷이 돌아와서 새끼에게 먹이를 먹인다. 그러면 수컷은 먹이를 구하러 간다. 3개월 넘게 금식한 뒤다.

1

조류

앨버트로스

나는 법을 익히는 것은 조류가 등장하는 진화 과정의 핵심 단계였다. 과학자들은 아직까지도 새가 처음에 왜 어떻게 하늘을 날았는지를 정확히는 알지 못한다. 어쨌든 날 수 있게 된 덕분에 오늘날 새는 지구의 모든 대륙과 다양한 환경의 서식지, 섬에 산다. 날 수 있는 새의 몸은 비행에 완벽하게 적응해 왔다. 뼈는 공기가 들어 있어서 가볍다. 기다란 날개는 접을 수 있으며, 공기 역학에 알맞은 깃털로 덮여 있다. 그리고 강한 가슴 근육으로 날개를 퍼덕여 공기를 아래로 밀어 내리면서 양력을 일으킬 수 있다.

앨버트로스는 놀라운 비행 능력으로 유명하다. 생애의 대부분을 바다 위를 활공하면서 보내고, 알을 낳을 때에만 해안으로 돌아온다. 앨버트로스의 날개는 매우 커서 오늘날의 새들 중에서 날개폭이 가장 길다. 이렇게 긴 날개를 활용해 하늘을 날면서 강한 후각으로 물고기를 찾는다.

아주 오랜 시간 동안 비행을 계속하기 위해, 앨버트로스는 주로 활공을 한다. 에너지를 절약할 수 있는 비행 방법이기 때문이다. 활공할 때 위쪽이 둥그스름한 긴 날개가 공기를 가르면, 날개 위쪽의 공기 입자가 아래쪽 입자보다 더 빨리 움직이게 된다. 그러면 날개 위쪽의 기압이 낮아지고, 앨버트로스가 공중에 계속 떠 있게 된다. 비행기도 같은 방식으로 난다.

―――――――――――――――――― 그림 설명 ――――――――――――――――――

1: 나그네앨버트로스
학명: *Diomedea exulans*
날개폭: 3m
앨버트로스 중에서 가장 큰 종이며, 거의 적도 남쪽에서만 지낸다. 새끼의 깃털은 태어날 때는 갈색이며, 나이를 먹으면서 점점 하얘진다.

2: 검은눈썹앨버트로스
학명: *Thalassarche melanophrys*
날개폭: 2.2m
새끼일 때는 부리가 파란색이었다가, 다 자라면 주황색이 된다. 바닷물 때문에 몸에 지나치게 많은 염분이 쌓이면 밖으로 배출하는 소금샘이 콧속에 있다.

3: 갈라파고스앨버트로스
학명: *Phoebastria irrorata*
날개폭: 2.25m
열대에서만 살아가는 유일한 앨버트로스 종이다. 짝짓기를 하러 뭍에 돌아올 때까지 바다에서 6년을 보내기도 한다. 오징어가 수면 가까이 헤엄치는 밤에 먹이를 잡는다.

조류

홍학, 황새, 따오기, 왜가리

이 새들은 다리와 목이 길고, 주로 습지에서 살며, 대개 물에 사는 다양한 먹이를 잡아먹고 사는 육식성이다. 전 세계에 퍼져 있으며, 어느 정도 사는 곳을 옮겨 다니는 이주를 하는 종도 있다.

홍학은 고도로 사회적인 종이며, 큰 무리를 이루어서 산다. 홍학 무리에서 어떤 개체들은 모두를 위해 경계를 선다. 번갈아 포식자를 감시하며, 공동으로 새끼를 돌보기도 한다. 화려해 보이지만 혹독한 환경에서 살 수 있도록 적응했으며, 염분이나 알칼리 성분 농도가 높은 호수에 주로 산다. 특유의 깃털 색깔은 홍학이 주식인 새우를 먹을 때 딸려 오는 세균에서 나온다. 그래서 홍학은 새하얀 색에서 새빨간 색까지 다양한 색깔을 띨 수 있다. 대개 건강할수록 더 선명한 색을 띠어서 짝을 찾는 상대에게 더 매력적으로 보인다.

황새, 따오기, 왜가리는 홍학의 친척이다. 왜가리는 아주 뛰어난 낚시꾼이다. 소리도 내지 않고 꼼짝하지 않은 채 서서 먹이를 기다린다. 그러다가 먹잇감이 나타나면 번개 같은 속도로 반응한다. S자로 굽은 목과 날카로운 부리를 움직여서 물고기를 꿰는 것이다.

그림 설명

1: **나팔새**
학명: *Psophia crepitans*
키: 52cm
나팔처럼 크게 소리를 질러 대는 습성에 따라 이름이 붙여졌다. 길들이기 쉬워서 집을 지키게 할 수 있다.

2: **쿠바홍학**
학명: *Phoenicopterus ruber*
키: 109cm
머리를 진흙에 묻은 채 부리로 진흙을 빨아들이고 걸러서 먹이를 먹는다.

3: **북방가넷**
학명: *Morus bassanus*
키: 91cm
무려 40미터 상공에서 물로 뛰어들어서 물고기를 잡아먹는다.

4: **갈색얼가니새**
학명: *Sula leucogaster*
길이: 74cm
하늘에서 다랑어를 추적한다. 다랑어를 피해 수면으로 도망치는 작은 물고기를 잡아먹기 위해서다.

5: **서부암초왜가리**
학명: *Egretta gularis*
키: 65cm
번식기가 되면, 검은 다리가 분홍빛을 띤 붉은색으로 변한다.

6: **해오라기**
학명: *Nycticorax nycticorax*
키: 62cm
야행성 사냥꾼으로 왜가리 중에서 세계에 가장 널리 퍼져 있다.

7: **회색관두루미**
학명: *Balearica regulorum*
키: 105cm
정교한 구애 의식을 펼치는 종으로 유명하다. 춤을 추어서 짝을 꾄다. 아프리카의 건조한 사바나에 살다가 번식기에 물가로 돌아온다.

8: **골리앗왜가리**
학명: *Ardea goliath*
키: 142cm
왜가리 중 키가 가장 크고 몸집도 가장 크다. 다른 종들보다 더 깊은 물까지 걸어 들어가서 날카로운 부리로 먹이를 꿴다. 아프리카 사하라 이남 지역에 흔하다.

조류

맹금류

맹금류(raptor)를 가리키는 영어 단어는 '움켜쥐다'라는 뜻의 라틴어 라페레(rapere)에서 나왔다. 맹금류는 육식성이며, 대부분 무시무시한 사냥꾼으로 진화해 왔다. 대다수가 최상위 포식자다. 즉 먹이 사슬의 꼭대기에 있으며, 이들을 잡아먹는 포식자는 없다는 뜻이다. 흰머리수리처럼 자신보다 몸집이 더 큰, 자그마한 사슴 같은 포유동물을 사냥하는 무시무시한 종들도 있다. 반면에 독수리처럼 살아 있는 먹이를 사냥하기보다는 죽은 사체를 먹어 치우는 청소부 역할을 하는 종들도 있다.

맹금류는 감각이 예민하며, 살을 찢는 날카로운 부리와 공중에서 먹이를 움켜쥘 수 있는 긴 갈고리발톱을 갖고 있다. 맹금류의 수명은 유달리 길어서 50세까지 사는 종도 있다.

맹금류는 대개 빠르고 민첩하게 난다. 매는 지구에서 가장 빠른 동물이다. 높은 하늘에서 맴돌며 날다가 최대 시속 389킬로미터로 쏜살같이 내려와 먹이를 덮친다. 가장 높이 나는 새도 맹금류라고 여겨진다. 뤼펠독수리는 1만 1,000미터 높이까지 날아오른다고 알려져 있다.

그림 설명

1: 뱀잡이수리
학명: *Sagittarius serpentarius*
날개폭: 2.1m
아프리카 고유종이며, 맹금류 중에서 발로 뛰어 다니며 먹이를 뒤쫓는 특이한 종이다. 덤불을 마구 짓밟아 동물들이 놀라 튀쳐나오면 쫓아가서 강한 발과 단단한 부리로 마구 때려잡는다. 뱀을 공격할 때에는 독니에 물리지 않도록 날개로 몸을 보호한다.

2: 아프리카새매
학명: *Polyboroides typus*
날개폭: 1.6m
작은 척추동물뿐 아니라 갖가지 열매도 먹는 잡식성이다. 주로 숲에서 사냥을 하며 거의 날지 않는다. 나무를 잘 탄다. 날개와 이중 관절이 달린 다리로 나무에 기어올라 다른 새의 둥지를 습격한다.

3: 붉은목뿔매
학명: *Spizaetus ornatus*
날개폭: 1.3m
중앙아메리카와 남아메리카의 열대림에 산다. 나무 꼭대기에 앉아서 먹이를 찾아 밑을 훑곤 한다. 다른 새와 파충류, 포유류를 사냥하며, 때로 영장류도 공격한다고 알려져 있다.

4: 남방카라카라
학명: *Caracara plancus*
날개폭: 1.2m
북아메리카 남부에서 페루와 브라질 아마존에 걸쳐, 평원에 산다. 소 목장 주변에 흔히 나타난다. 민첩하지 않으며, 좀처럼 먹이를 사냥하지 않는다. 사냥하는 대신에 죽은 동물의 썩어 가는 고기를 먹고산다.

5: 달마수리
학명: *Terathopius ecaudatus*
날개폭: 1.7m
아프리카 고유종이며, 특이하게 비행을 한다. 마치 균형을 잡으려 애쓰는 듯이 활공하면서 날개를 탁탁 털어 댄다. 흥분하면 얼굴과 다리의 피부가 새빨갛게 달아올라 감정이 드러난다. 또 맹금류 중 드물게 볏과 가슴 깃털을 부풀릴 수 있다.

조류

별난 새들

열대의 환경에서 사는 독특한 새들은 다채로운 깃털을 자랑한다. 화려한 깃털 덕분에 이들은 지구에서 가장 생기 넘치는 동물로 여겨지곤 한다. 번식기에 수컷 극락조는 정교한 구애 의식을 펼친다. 이때 화려한 깃털을 자랑하며 춤을 추어서 암컷을 꾄다.

조류는 대사 활동이 빠른 정은 동물이다. 그래서 파충류였던 선조보다 뇌가 더 발달할 수 있었다. 마코앵무 같은 몇몇 종은 지능이 아주 높아서, 먹이가 닿지 않은 곳에 있으면 도구를 쓸 정도로 논리적 사고를 한다고 알려져 있다. 높은 지능 덕분에 사회생활을 하며, 많은 앵무새가 짝끼리 강한 유대를 형성한다.

벌새는 몸길이가 13센티미터도 안 되는 만큼, 동물계에서 가장 작은 새에 속한다. 하지만 놀라울 만치 능숙하고도 정확하게 비행하는 재주가 있다. 벌새는 뒤로 날 수 있는 유일한 새이며, 꽃에서 꿀을 빨 때는 한 지점에 떠 있을 수도 있다. 날개를 1초에 80번까지 파닥이기 때문에 가능한 것이다. 날갯짓을 할 때면 웅웅 떨리는 소리가 난다.

큰부리새는 크고 화려한 부리를 갖고 있다. 게다가 이 부리는 장식용이 아니다. 큰 부리 덕분에 가지를 옮겨 다닐 필요 없이 한 나무에서 한꺼번에 많은 열매를 먹을 수 있다. 또 부리는 체온 조절에도 도움이 된다.

그림 설명

1: 붉은가슴벌새
학명: *Archilochus colubris*
길이: 9cm
벌새는 특이하게 꿀을 먹고사는 쪽으로 적응했지만, 새끼에게는 곤충을 먹인다. 곤충이 단백질을 공급하기에 더 나은 먹이이기 때문이다.

2: 큰극락조
학명: *Paradisaea apoda*
길이: 43cm
극락조 중 가장 큰 종이다. 화려한 깃털을 자랑하면서 정교한 구애 춤을 추는 것으로 유명하다.

3: 루비토파즈벌새
학명: *Chrysolampis mosquitus*
길이: 8cm
남아메리카 열대에 산다. 다른 벌새들에 비해 부리가 짧다.

4: 목도리앵무
학명: *Psittacula krameri*
길이: 40cm
앵무 중에서 가장 널리 퍼져 있는 종이다. 서아프리카에서 동남아시아, 유럽에 이르기까지 여러 지역에서 발견된다.

5: 분홍머리모란앵무
학명: *Agapornis roseicollis*
길이: 18cm
사회성을 지닌 종이며, 아프리카 남서부에 산다. 서로 고개를 돌려서 마주보는 자세로 잠이 들곤 한다.

6: 맬리목도리앵무
학명: *Barnardius barnardi macgillivrayi*
길이: 33cm
오스트레일리아의 목도리앵무 중에서 가장 작고 가장 온순하다. 수명은 15년을 넘는다.

7: 붉은가슴부리새
학명: *Ramphastos dicolorus*
길이: 43cm
큰부리새 중 가장 작은 종이다. 부리는 크기에 비해 꽤 가볍다.

8: 갈라앵무
학명: *Eolophus roseicapilla*
길이: 35cm
오스트레일리아에서 가장 흔한 유황앵무 중 하나다.

> 조류

올빼미류

올빼미류에는 두 종류가 있다. 쿠엉이와 올빼미다. 둘 다 육식성이며, 어둠 속에서 사냥하는 쪽으로 진화했다. 빛이 약한 곳에서 잘 볼 수 있는 커다란 눈과 작은 부리가 달린 독특한 둥글고 납작한 얼굴을 갖고 있다. 올빼미는 갑자기 공격하는 데 전문가다. 깃털은 어슴푸레한 곳에서 주변 환경과 완벽하게 뒤섞이도록 잘 위장되어 있고, 날개를 퍼덕이며 움직일 때도 거의 소리가 나지 않는다.

올빼미는 눈이 앞쪽에 있어서 양쪽 눈의 시야가 겹친다. 그래서 먹이와의 거리를 정확히 파악할 수 있다. 다만 올빼미의 눈은 유달리 크고 모양이 특이해서 사람과 달리 눈구멍 안에서 눈알을 움직일 수가 없다. 대신 목이 매우 유연하게 발달해서 머리를 돌려 시야를 옮긴다. 머리를 270도까지 돌릴 수 있는 종도 있다!

올빼미는 청력이 아주 뛰어나다. 머리 양쪽에 높이가 약간 어긋나게 붙은 두 개의 귀 덕분이다. 좌우 귀가 비대칭으로 자리해서 소리가 나는 방향을 정확히 알아낼 수 있다. 동물 종 가운데에서 소리를 듣고 방향을 알아내는 능력이 가장 뛰어나다.

그림 설명

1: **원숭이올빼미**
학명: *Tyto alba*
날개폭: 108cm
올빼미류 중에서 가장 흔한 종이며, 남극 대륙을 제외한 모든 대륙에 산다. 사람이 지은 건물에서 살곤 해서 헛간올빼미라는 이름으로도 불린다. 도시와 시골 양쪽에서 산다.
밤눈이 아주 좋고 귀로 방향을 알아내어 땅속이나 눈 밑에 숨은 보이지 않는 먹이도 찾아낼 수 있다. 덕분에 눈이 많이 쌓인 겨울에도 사냥을 한다.
번식기에는 암컷이 알을 품고, 수컷은 사냥을 해서 고기와 벌레를 암컷에게 가져다준다.

2: **안경올빼미**
학명: *Pulsatrix perspicillata*
날개폭: 84cm
주로 중앙아메리카와 남아메리카 우림에 산다. 눈가에 난 흰 눈썹이 안경처럼 보이는 생김새에 따라 이름이 붙여졌다.
무리를 짓지 않고 홀로 지낸다. 낮에는 나무 위에서 쉬다가 밤에 사냥을 한다. 어둠 속에서 뭔가를 두드리는 듯한 독특한 소리를 낸다.
암컷은 삐익 하는 고음의 소리를 내는데, 증기 기관에서 나는 소리와 흡사하다.
곤충, 새, 양서류를 잡아먹으며 때로는 스컹크, 주머니쥐 같은 작은 포유동물도 사냥한다.

3: **남방흰얼굴부엉이**
학명: *Ptilopsis granti*
날개폭: 68cm
몸집이 작고 보기 드문 종으로 아프리카 사하라 이남에서 숲, 사바나 등 다양한 서식지에 산다. 위협을 받으면 독특한 과시 행동을 하기 때문에 '트랜스포머 부엉이'라는 별명이 붙어 있다. 자신보다 몸집이 조금 더 큰 상대가 다가오면, 깃털을 부풀려서 더 커 보이게 한다. 하지만 훨씬 더 큰 포식자와 맞닥뜨리면, 깃털을 몸에 찰싹 붙이고 날개를 뒤로 숨긴 채 눈을 가늘게 뜬다. 그런 다음 나무에 기대어서 마치 나무의 일부인 양 위장을 한다. 다른 새의 둥지에 얹혀살다가 심지어 둥지 주인을 쫓아내기도 한다!

조류

서식지: 숲

숲 서식지는 나무, 덤불, 풀로 이루어져 있다. 식물 다양성이 높을수록, 숲 서식지에 더 많은 동물이 살 수 있다. 어떤 숲은 주로 낙엽수로 이루어져 있다. 즉 계절 변화에 따라 겨울에 낙엽이 지고, 봄에 새 잎이 자라는 나무들이 가득하다. 일 년 내내 잎이 푸른 상록수(주로 바늘잎나무)로 이루어진 숲도 있다.

조류 중에는 숲에 일 년 내내 사는 종도 있고, 어느 시기에만 사는 종도 있다. 노래하는 새들(명금류) 중에 가장 잘 알려진 몇몇 종도 숲에 산다. 저마다 다르게 복잡하면서 독특한 노래를 부르므로 그들이 있음을 알 수 있다. 새가 노래하는 이유는 여러 가지다. 자기 영역을 주장하거나, 짝을 꾀거나, 친구들에게 위험을 경고하기 위해서 노래한다.

낙엽수로 이루어진 숲에서는 많은 종이 계절에 따라 이주를 한다. 여름에 잎이 푸를 때 새끼를 키우다가, 날씨가 추워지고 낙엽이 지기 시작하면 먹이가 많은 더 따뜻한 곳을 찾아 수천 킬로미터를 날아간다. 위험하고도 고된 여행이므로 많은 새들이 큰 무리를 지어 함께 이동한다. 모이면 더 안전하기 때문이다.

그림 설명

1: **분홍가슴비둘기**
학명: *Columba oenas*
길이: 33cm
비둘기 중에서 몸집이 큰 편이다. 지리적으로 가장 널리 퍼져 있지만 가장 보기 드문 종이다.

2: **대륙검은지빠귀**
학명: *Turdus merula*
길이: 24cm
지빠귀의 한 종이다. 한 번에 뇌의 반쪽단 잠들 수 있다. 이주를 위해 멀리 날 때는 한쪽 뇌는 자고 다른 쪽은 깨어 있곤 한다.

3: **동고비**
학명: *Sitta europaea*
길이: 15cm
나무의 틈새에 견과를 끼워 두었다가 나중에 꺼내 먹는 습성이 있다.

4: **집참새**
학명: *Passer domesticus*
길이: 16cm
사회성이 강한 종이다. 먼지 목욕을 함께 하고 합창을 하기도 한다. 사람을 두려워하지 않아 집 주변에 흔하다.

5: **흰점찌르레기**
학명: *Sturnus vulgaris*
길이: 22cm
큰 무리를 지어서 시끄럽게 떠들어 대는 종이다. 해 질 녘에 함께 날면서 멋진 장관을 펼친다.

6: **노래지빠귀**
학명: *Turdus philomelos*
길이: 23cm
아름다운 목소리로 노래를 하며, 돌로 달팽이의 껍데기를 깨서 잡아먹는다. 어두컴컴한 밤에 이주를 한다.

7: **푸른박새**
학명: *Cyanistes caeruleus*
길이: 12cm
곤충을 주로 먹고산다. 노랑과 초록이 섞인 애벌레를 많이 먹을수록 배의 노란색이 더욱더 진해진다.

동물 박물관

6 전시실

포유류

유대류

코끼리

영장류

설치류

박쥐

고양이류

발굽포유동물

바다소, 바다표범, 고래

서식지: 한대 툰드라

포유류

유대류

포유류는 생명의 나무에서 가장 최근에 출현한 동물이다. 파충류에서 진화했으며, 오리너구리처럼 알을 낳는 단공류가 두 동물 집단 사이의 진화적 연결고리다. 현재 포유류는 지구를 지배하고 있다.

포유류는 몸이 털로 덮여 있고, 정온 동물이어서 어떤 기후에서든 체온을 일정하게 유지한다. 그리고 새끼를 낳아서 젖을 먹여 키운다. 대부분 다리가 넷이고 꼬리가 달려 있다. 비교적 뇌가 커서 지능이 뛰어나고, 복잡한 생각을 할 수 있는 종도 있다. 지능이 발달하려면 시간이 걸리고 경험도 쌓여야 하므로, 포유류는 비교적 오랜 기간 동안 부모의 보살핌에 의지하여 자란다.

유대류는 주머니가 달린 포유류로 오스트랄라시아(오스트레일리아와 뉴질랜드, 남태평양 제도 일대)와 아메리카에 산다. 유대류의 새끼는 다른 포유류보다 더 일찍 태어나는데, 태어난 직후에 어미의 주머니로 들어가서 자란다. 포유류가 진화하던 때, 지구의 대륙들은 서서히 움직여서 지금과 같은 위치로 향하고 있었다. 유대류는 원래 약 5,000만 년 전에 남아메리카에서 출현했는데, 당시 붙어 있던 남극 대륙을 지나서 좁은 해협을 건너 오스트레일리아 대륙으로 옮겨 갔다. 그 뒤에 대륙이 분리되어 오스트레일리아의 유대류는 지리적으로 격리된 채 홀로 진화했다. 오스트레일리아에 색다른 유대류가 많은 이유가 그 때문이다.

그림 설명

1: 붉은캥거루
학명: *Macropus rufus*
꼬리를 뺀 길이: 123cm
유대류 중 몸집이 가장 큰 종이다. 힘이 억세게 세며, 꼬리의 힘만으로 몸무게를 지탱할 수도 있다. 오스트레일리아의 뜨거운 태양에 과열되는 것을 막기 위해, 손목을 핥아서 열을 식히곤 한다.

2: 줄무늬주머니쥐
학명: *Dactylopsila trivirgata*
꼬리를 뺀 길이: 26cm
기다란 네 번째 발톱으로 여기저기 후벼서 흰개미와 애벌레를 찾아 잡아먹는 야행성 동물이다. 발로 나무껍질을 두드려서 나무 속에 숨어 있는 곤충을 찾아낸다. 위협을 받으면 스컹크처럼 악취를 내뿜을 수 있다.

3: 얼룩쿠스쿠스
학명: *Spilocuscus maculatus*
꼬리를 뺀 길이: 40cm
수컷은 붉은색 털에 반점이 있고, 암컷은 크림색 털에 무늬가 없다. 야행성이며, 오스트랄라시아의 열대 우림과 울창한 맹그로브 숲에 산다. 힘센 손가락과 발가락으로 나무를 움켜쥐고 다니면서 거의 나무 위에서만 산다.

4: 슈가글라이더
학명: *Petaurus breviceps*
꼬리를 뺀 길이: 18cm
부드러운 털로 덮인 이 작은 주머니쥐는 손목에서 발목까지 뻗은 얇은 막을 낙하산처럼 써서 나무 사이를 활공한다. 공중에서는 복슬복슬한 긴 꼬리로 균형과 방향을 잡는다. 커다란 발톱으로 나무를 꽉 움켜쥘 수 있다.

5: 코알라
학명: *Pnascolarctos cinereus*
꼬리를 뺀 길이: 74cm
포식자를 피해 거의 평생을 나무 위에서 지낸다. 영양분이 거의 없는 유칼립투스 잎을 주로 먹으므로, 에너지를 아끼기 위해 하루의 대부분을 잠을 자며 보낸다. 유칼립투스 잎은 섬유질이 많고 소화하기가 어렵기 때문에, 어미는 위험한 독소가 걸러진 자신의 배설물을 새끼에게 먹인다.

포유류

코끼리

코끼리는 예전에는 매머드를 포함하여 훨씬 더 많은 종류가 있었지만, 지금은 다 멸종하고 겨우 두 종류만 남았다. 살아남은 종들도 상아 밀렵과 서식지 파괴로 인해 멸종 위험에 처해 있다.

생명의 나무에서 코끼리의 위치를 살펴보면 가장 가까운 친척이 바다소이다. 코끼리는 수백만 년 전에는 코를 스노클 삼아 주로 물속에서 살았던 것으로 여겨진다. 지금도 코끼리는 여전히 헤엄을 아주 잘 친다.

코끼리는 잘 구부러져서 물건을 움켜쥘 수 있는 독특한 코, 길고 날카로운 엄니, 넓적한 커다란 귀 덕분에 쉽게 알아볼 수 있다. 한편 코끼리는 다른 포유동물과 달리 땀을 흘리지 못하기 때문에 몸이 과열되기 쉽다. 체온이 지나치게 오르기 시작하면, 코끼리의 몸에서는 피를 귀로 보낸다. 그리고 귀를 펄럭여서 바람에 피를 식힌

뒤, 몸으로 보냄으로써 체온을 낮춘다.

현재 코끼리는 육지에서 가장 큰 동물이다. 육중한 몸을 지탱하기 위해, 다리가 몸통 밑에 똑바로 서 있다. 몸집이 아주 크고 무겁지만, 발밑에 충격을 흡수하는 조직이 있어서 걸을 때 놀라울 만큼 조용하다. 또 이 조직 덕분에 울퉁불퉁한 바닥도 탄탄히 디디고 설 수 있다.

그림 설명

1: 아시아코끼리
학명: *Elephas maximus*
키: 2.6m
아프리카에 사는 사촌보다 귀와 엄니가 더 작고, 등은 더 불룩하다.(엄니는 없을 수도 있다.)

암컷은 14세쯤 되면 번식이 가능하며, 최장 22개월까지 새끼를 배 속에 품어 키운다. 태어난 새끼는 48개월 동안 어미의 보살핌이 필요하다. 그래서 암컷은 새끼를 3~4년 터울로 한 마리씩 낳는다.

포유동물 중에서는 특이하게도 나이가 들수록 이빨이 안쪽에서 앞으로 밀려 나온다. 닳은 이는 빠지고 새 이로 교체된다. 하지만 교체 횟수가 정해져 있어서, 이빨이 다 빠지면 굶어 죽을 수도 있다.

포유류

영장류

영장류는 8,500만~6,500만 년 전에 출현했다. 영장류에 속한 동물들은 두 집단으로 나뉜다. 곡비원류는 여우원숭이, 로리스, 갈라고 등이 속하며, 주로 야행성이다. 직비원류는 유인원, 원숭이, 호모 사피엔스(인간)로 이루어져 있다. 영장류(primate)를 가리키는 영어 이름은 '최고'라는 뜻의 라틴어 프리마스(primas)에서 나왔고, 호모 사피엔스는 라틴어로 '슬기로운 사람'을 뜻한다.

영장류는 팔다리가 4개이고, 손가락과 발가락이 5개씩이며, 대부분 꼬리가 있다. 꼬리는 나무 위에서 균형을 잡는 데 쓰인다. 두 눈은 앞을 향하고 있어 나뭇가지 사이를 옮겨갈 때 거리를 파악하는 데 도움을 준다. 영장류는 대부분의 다른 동물보다 더 많은 색깔을 볼 수 있다. 가장 두드러진 특징은 커다란 뇌이다. 영장류는 큰 뇌 덕분에 지능이 뛰어나고 사회성이 높다.

약 230만 년 전, 영장류는 두 발로 서서 걷기 시작했다. 그들은 높은 지능을 이용하여 도구를 쓰고 불을 일으키는 능력을 얻었다. 현생 인류는 약 20만 년 전에 진화하여 지구에 등장했다. 그래서 우리는 지구의 동물 중에서 가장 어리고 새로운 종에 속한다. 최초의 현생 인류는 서남아프리카에서 출현했다. 전 세계의 인류는 바로 그 공통 조상의 후손이다.

그림 설명

1: 브라자원숭이
학명: *Cercopithecus neglectus*
길이: 62.3cm
구세계원숭이의 한 종류이며, 중앙아프리카 우림의 고유종이다. 발이 크고 튼튼해서 다른 영장류보다 숲 바닥을 더 잘 돌아다닐 수 있다. 무리를 지어 살고 시각, 청각, 촉각을 써서 의사소통을 한다.

2: 황금사자타마린
학명: *Leontopithecus rosalia*
길이: 33cm
신세계원숭이의 한 종류로 주로 나무 위에서 지내고 꽃, 꿀, 알을 먹으며 산다. 무리의 구성원들끼리 아주 친해서, 먹이를 나누어 먹고 남의 새끼도 돌보아 준다.

3: 동부콜로부스
학명: *Colobus guereza*
길이: 58cm
아프리카 적도 지역에 산다. 15마리까지 한 무리를 이룬다. 주로 나무 위에서 생활하지만, 먹이를 찾아서 숲 바닥으로 내려오기도 한다. 포식자가 오는지 지켜보기 위해 밤이면 번갈아 보초를 선다.

4: 맨드릴
학명: *Mandrillus sphinx*
길이: 80cm
원숭이 중에서 가장 큰 종에 속하며, 장난을 잘 친다. 아프리카 열대 우림에 산다. 낮에는 숲 바닥에서 먹이를 찾고, 밤이 되면 나무 위로 올라가서 잠을 잔다.

5: 침팬지
학명: *Pan troglodytes*
길이: 135cm
지능이 높은 침팬지는 인류의 가장 가까운 친척 중 하나다. 침팬지의 유전자는 우리 인간의 유전자와 98퍼센트가 같다. 무리를 이루는 규모는 150마리에 이른다. 가봉, 카메룬, 콩고민주공화국 등의 숲에서 산다.

6: 검은볏맹거베이
학명: *Lophocebus aterrimus*
길이: 55cm
앙골라와 콩고민주공화국에 산다. 독특한 소리를 내지르면서 자기 영역을 지킨다. 숲 파괴로 생존에 위협을 받고 있는 종이다.

포유류

설치류

설치류는 포유류 중에서도 아주 크게 성공한 동물들이다. 다양한 야생 환경에서 번성하고 있으며, 전 세계에 아주 많은 수가 살고 있다. 쥐, 생쥐, 다람쥐, 햄스터, 호저, 비버 등 설치류를 다 합치면, 모든 포유동물 종의 약 40퍼센트를 차지한다.

생쥐처럼 왕성하게 번식을 하는 종도 있다. 그래서 설치류의 수가 그토록 많은 것이다! 생쥐는 일찍 성숙해서 생후 1년쯤이면 번식을 할 수 있다. 임신 기간이 짧고, 여러 마리를 낳는다. 새끼가 금방 독립을 하기 때문에 어미는 곧 다시 짝짓기를 할 수 있다. 그래서 생쥐 한 마리가 1년에 새끼를 100마리 넘게 낳을 수도 있다!

모든 설치류는 계속 자라는 날카로운 앞니를 갖고 있다. 그렇기 때문에 자주 무언가를 쏠아서 이빨이 너무 길어지지 않도록 해야 한다.

―――――――――――――― 그림 설명 ――――――――――――――

1: 루손구름쥐
학명: *Phloeomys pallidus*
꼬리를 뺀 길이: 40㎝
필리핀에 살며 나무 꼭대기에서 지낸다.

2: 큰귀뛰는쥐
학명: *Euchoreutes naso*
꼬리를 뺀 길이: 8㎝
고비 사막 고유종이다. 곤충을 잡기 위해 아주 높이 뛰어오르곤 한다.

3: 저지대파카
학명: *Cuniculus paca*
꼬리를 뺀 길이: 70㎝
파카(paca)는 이 종이 사는 브라질의 투피족 말로 '경보를 울리다'란 뜻이다.

4: 삼색다람쥐
학명: *Callosciurus prevostii*
꼬리를 뺀 길이: 24㎝
다람쥐의 일종으로 아시아 우림에 산다.

포유류

박쥐

박쥐는 하늘을 나는 쪽으로 진화한 유일한 포유동물이다. 아래팔에서 긴 손가락까지 이어진 얇은 막과 같은 피부가 날개가 된다. 박쥐 날개는 새의 날개보다 훨씬 얇아서 공중에서 더 빠르고 정확하게 움직일 수 있다.

박쥐는 대부분이 야행성이다. 많은 박쥐들이 낮에는 체온을 유지하기 위해 날개로 몸을 감싼 채 잠을 자고, 해가 질 무렵에 사냥하러 나온다. 같은 먹이를 먹는 다른 포식자들과 경쟁하는 일을 피하기 위한 생활 방식이다. 박쥐의 먹이는 다양하다- 곤충을 많이 먹는 종도 있고, 흡혈박쥐처럼 잠자는 소 같은 대형 포유동물의 피를 핥아 먹는 종도 있다.

박쥐는 반향정위를 이용하여 칠흑 같은 어둠 속에서도 날면서 먹이를 찾을 수 있다. 돌고래와 고래 같은 몇몇 포유동물도 반향정위를 활용한다. 반향정위란 초음파를 쏘아서 주변에 있는 물체들에 부딪혀 생긴 메아리가 돌아오는 데 걸리는 시간을 재서, 위치와 거리를 상세히 파악하는 능력이다. 하지만 비가 오면 빗방울이 초음파를 방해해서 반향정위로 날 수가 없다. 그래서 박쥐는 비가 오는 날에는 사냥을 하지 않는다.

그림 설명

1: 인도날여우박쥐
학명: *Pteropus giganteus*
날개폭: 135㎝
인도큰과일박쥐라고도 하며, 야행성에 몸집이 크다. 인도와 그 주변 지역에 산다. 수백 마리씩 모여서 나무에 매달려 쉰다. 지위가 높은 수컷일수록 더 높은 나뭇가지에 매달려 있다.

2: 검은토끼박쥐
학명: *Plecotus auritus*
날개폭: 23.5㎝
영국과 유럽 대륙에서 흔히 볼 수 있다. 귀가 몸만큼 커서 청력이 아주 좋다. 덕분에 어둠 속에서 나방, 집게벌레 같은 곤충을 잘 찾아낸다. 나무뿐 아니라 사람이 지은 건물에도 소규모로 무리를 지어 산다.

3: 세바짧은꼬리박쥐
학명: *Carollia perspicillata*
날개폭: 30㎝
중앙아메리카와 남아메리카의 숲에서 100마리에 이르는 무리를 짓고 산다. 몇 가지 과일을 먹으며, 과일의 씨를 퍼뜨리는 중요한 역할을 한다. 하룻밤에 배설물을 통해 2,500개까지의 씨를 퍼뜨린다. 먹이가 부족해지면, 잠을 자는 듯한 무기력한 상태에 빠진다.

4: 왕관잎코박쥐
학명: *Hipposideros diadema*
날개폭: 50㎝
구세계잎코박쥐 중 가장 흔한 종으로, 오스트레일리아에서 동남아시아에 걸치는 지역에서 산다. 동굴이나 속이 빈 나무에 둥지를 틀고, 매달려 있다가 곁을 지나가는 나방 같은 커다란 먹이를 낚아챈다.

5: 아프리카노랑날개박쥐
학명: *Lavia frons*
날개폭: 35.6㎝
피를 먹지 않는 위흡혈박쥐의 일종이며, 아프리카 중부의 사바나와 숲에 산다. 일부일처제를 지키는 종으로, 암수가 서로 맴돌면서 구애 의식을 벌인다. 짝을 짓고 나면 번갈아 둥지를 지키면서 위험이 닥치는지 살핀다.

포유류

고양이류

고양이류는 약 2,500만 년 전 아시아에서 출현했다. 중간 크기의 고양이류는 우림과 산악 지대에 살지만, 사자와 치타같이 가장 널리 알려진 대형 고양이류는 대부분 탁 트인 초원에 산다. 육식성이며 몸이 날렵하여, 사냥할 때 먹이에 슬그머니 다가가서 날쌔게 덮치는 것으로 유명하다. 치타는 육지에서 가장 빠른 동물이다. 달리는 속도를 시속 104킬로미터까지 낼 수 있다.

고양이류는 시력이 좋아서 빛이 희미한 곳에서도 잘 보며, 귀와 코도 아주 예민하다. 어둑해지는 무렵에 사냥을 할 때에는 주둥이의 수염으로도 필요한 정보를 얻는다. 많은 고양이들은 숨어서 먹이를 기다리기 알맞게, 주변의 빛과 그늘에 잘 녹아드는 얼룩무늬나 띠무늬로 위장되어 있다.

먹이를 쫓을 때는 몸을 낮게 웅크린 채 천천히 슬금슬금 다가간다. 마지막 순간에 번개 같은 속도로 달려들어서 강한 발톱과 날카로운 이빨로 먹이를 잡는다.

현재 집에서 기르는 고양이들은 야생 고양이의 후손으로, 다른 동물에 비해 최근인 약 1만 년 전에 출현했다. 사냥 본능은 지금도 여전해서, 해마다 새나 작은 포유동물 수백만 마리가 집고양이에게 잡혀 죽는다.

그림 설명

1: 구름무늬표범
학명: *Neofelis nebulosa*
길이: 89cm
매우 보기 드문 종이며, 나무에 잘 기어오른다. 서식지인 동남아시아의 숲이 지구에서 가장 빠르게 파괴되는 중이어서 위험에 처해 있다.

2: 사자
학명: *Panthera leo*
길이: 285cm
호랑이 다음으로 몸집이 큰 대형 고양이다. 수컷은 갈기가 있어 보는 알아보기 쉽다. 암컷들은 협력하여 함께 먹이를 사냥한다.

포유류

발굽포유동물

발끝에 발굽이 있는 포유동물은 크고 힘센 코뿔소에서 우아한 가젤에 이르기까지 아주 다양하다. 생김새는 저마다 크게 다르지만, 발굽포유동물은 모두 발톱과 비슷하게 두껍고 뿔 같은 물질로 이루어진 튼튼한 발가락을 가졌다. 발굽은 계속 자라나지만, 끊임없이 쓰이므로 계속 닳는다.

많은 발굽포유동물의 머리에는 뼈로 된 뿔이 나 있다. 뿔은 포식자에게 갖서는 데 쓰인다. 한편 사슴 같은 몇몇 종의 수컷은 경쟁자와 뿔을 맞대고 겨루어서 힘과 우위를 보여 주려 한다. 암컷에게 강한 인상을 주고 암컷과 짝짓기를 할 권리를 얻기 위해 경쟁하는 것이다.

대개 발굽포유동물은 식물의 싹과 잎을 뜯어 먹는 초식 동물이다. 그래서 식물을 짓이기는 데 알맞도록 이빨이 넓고 납작한 형태이다. 또한 대부분이 위장을 여러 개 갖고 있다. 소화시키기 어려운 식물로부터 가능한 한 많은 영양분을 뽑아내기 위해 적응한 것이다. 어느 정도 소화된 먹이를 입으로 게워 내어 더 잘게 씹고 다시 삼키는 되새김질을 한다.

누와 물소처럼 엄청난 무리를 지어 살고, 계절이 바뀌어 먹이가 부족해지면 새로운 풀밭을 찾아 해마다 수천 킬로미터씩 이주하는 종도 있다.

--- 그림 설명 ---

1: 하마
학명: *Hippopotamus amphibius*
키: 1.5m
하마(hippopotamus)의 영어 이름은 '강의 말'을 뜻하는 고대 그리스어에서 나왔다. 하마는 낮에는 물에서 뒹굴다가 밤에 나와서 잎이나 풀을 뜯어 먹는다. 30마리까지 무리를 지어 산다. 악어와 함께 습지를 차지하는 공격적인 동물이다.

2: 인도코뿔소
학명: *Rhinoceros unicornis*
키: 1.85m
친척이자 좀 더 잘 알려진 흰코뿔소보다 몸집이 작다. 하나뿐인 뿔도 더 작고, 뿔 뒤쪽으로 사마귀 같은 혹들이 난 두껍고 무거운 주름진 피부가 있다. 대개 홀로 지내지만, 다른 인도코뿔소를 만나면 서로 머리를 끄덕거리고 코를 비벼대면서 환영하는 행동을 보인다.

3: 아기사슴
학명: *Muntiacus reevesi*
키: 43cm
이 작달막하고 다부진 사슴은 중국에서 기원했다. 20세기 초에 유럽으로 전해진 뒤 유럽 전역의 숲에서 번성하고 있다. 뿔은 짧으며, 손상되면 다시 자란다. 길쭉한 송곳니가 튀어나와 있다.

4: 게레눅
학명: *Litocranius walleri*
키: 92cm
기린영양으로도 불리며 동아프리카에 산다. 다리와 목이 길어지는 형태로 진화했다. 그래서 다른 종들은 키가 닿지 않는 관목과 덤불 꼭대기에 달린 잎을 뜯어 먹을 수 있다. 포식자가 달려들면, 몸을 휙 돌려서 빠른 속도로 껑충껑충 뛰어 달아난다.

5: 마사이기린
학명: *Giraffa camelopardalis tippelskirchi*
키: 5.5m
지구에서 가장 키가 큰 육상 포유동물이다. 나무 꼭대기에 있는 잎까지 뜯어 먹을 수 있도록 다리와 목이 길어졌다. 길고 유연한 혀를 내밀어서 잔가지와 잎을 훑어 먹는다. 수컷들은 긴 목을 서로 부딪치면서 짝을 차지하기 위해 싸운다.

> 포유류

바다소, 바다표범, 고래

매너티와 듀공이 속한 바다소류는 현재 살아 있는 동물들 중에서 코끼리와 가장 가까운 친척이다. 바다표범으로 알려진 지느러미발이 달린 기각류는 반수생(반쯤 물속에서 사는) 육식 동물로서, 곰과 늑대의 친척이다. 고래와 돌고래가 속한 고래류는 하마 같은 발굽포유동물의 가까운 친척이다. 지금까지 지구에서 산 동물 중 가장 큰 대왕고래도 고래류에 포함된다. 고래류는 모두 물에서 살기에 알맞게 진화했고, 다리는 지느러미발과 꼬리로 변했다.

이 동물들은 많은 시간을 물속에서 보내긴 해도, 공기를 들이마셔서 허파로 보내야 하는 포유동물의 특징을 간직하고 있다. 그 결과로 숨을 참는 데 뛰어난 전문가가 되었다. 수면 위로 다시 올라올 필요 없이 30분까지 버티는 종도 있다. 고래와 돌고래는 머리 꼭대기에 있는 숨구멍으로 공기를 들이마시고 이산화탄소를 내뿜는다.

수생 포유동물도 박쥐처럼 반향정위를 이용하여 먹이를 찾아낸다. 물은 공기보다 음파를 더 잘 전달하므로, 어떤 동물들은 땅에서보다 더 먼 거리에서 의사소통을 할 수 있다. 혹등고래들이 저주파로 서로에게 불러 주는 '노래'는 무려 1만 6,000킬로미터 떨어진 곳까지도 전해진다.

그림 설명

1: 혹등고래
학명: *Megaptera novaeangliae*
길이: 14m
혹등고래는 종종 바다 위로 훌쩍 뛰어올라 꼬리로 물을 철썩 때리곤 한다. 이들은 복잡한 노래를 크게 불러서 서로 의사소통을 한다.

2: 아마존매너티
학명: *Trichechus inunguis*
길이: 2.4m
코끼리처럼 이빨이 빠지면 계속 보충되는 초식 동물이다. 낮에는 거의 잠든 채로 시간을 보낸다.

3: 일각돌고래
학명: *Monodon monoceros*
길이: 4.5m
일각돌고래는 나선형으로 비틀린 긴 엄니가 하나 있다. 북극권의 생물을 먹고 살기 때문에 북극의 기후 변화에 매우 취약하다.

4: 돌고래
학명: *Delphinus delphis*
길이: 1.8m
지능이 높고 사회성이 있는 동물로, 수백 마리씩 무리를 지어 산다. 수천 마리까지는 아니라고 한다. 공중으로 뛰어올라서 묘기를 부리는 것으로 유명하다.

5: 웨들바다표범
학명: *Leptonychotes weddellii*
길이: 3m
바다표범 중에서 비교적 크고 흔한 종으로, 남극 지방에 주로 산다. 한 번 잠수하면 물속에 80분까지 머물 수 있다.

6: 바다코끼리
학명: *Odobenus rosmarus*
길이: 2.9m
바다코끼리는 이름처럼 엄니 한 쌍을 가지고 있다. 엄니는 1미터까지 자라며, 짝을 얻기 위해 경쟁하거나 얼음에 구멍을 뚫는 데 쓴다.

포유류

서식지:
한대 툰드라

북극 주변에는 '툰드라'라고 불리는 춥고 헐벗은 지역이 있다. 이 서식지는 얼어붙을 만큼 기온이 낮고, 강풍이 불며, 보금자리로 삼을 만한 환경이 드물고, 먹이와 물이 부족하기 때문에 지구에서 가장 살기 힘든 곳 중 하나다. 일 년 내내 얼어 있는 땅(영구 동토대)이라서 나무와 풀이 자라기 힘들다. 즉 동물이 뜯어 먹을 식물이 거의 없다.

변온 동물인 양서류와 파충류는 이렇게 추운 환경에서는 아예 살 수 없다. 하지만 포유류는 피가 따뜻하게 유지되는 정온 동물이고, 몸이 얼지 않게 추위를 막아 줄 따뜻한 털가죽을 지닌 덕분에 살아남을 수 있다. 북극권에 사는 몇몇 포유동물은 환경에 맞춰 위장하기 위해 계절에 따라 털 색깔이 바뀐다. 눈 쌓인 겨울에는 흰색이 되었다가 여름에는 더 짙은 색이 되는 식이다.

이처럼 추운 서식지에서 온기를 유지하려면 에너지가 많이 든다. 그래서 북극늑대와 북극곰처럼 북극권의 포유동물은 단백질이 풍부한 고기를 먹는 포식자가 많다.

북극곰은 북극을 둘러싼 얼어붙은 툰드라에 완벽하게 적응했다. 바다에서 320킬로미터까지 헤엄칠 수 있는 탁월한 수영 선수이자 수생 포유류다. 하얀 털은 빨대처럼 속이 빈 형태이며 그 안에 공기가 차 있어서 북극권의 찬 물속에서도 체온을 유지시켜 주고, 뭍으로 올라오면 금세 마른다.

―――― 그림 설명 ――――

1: 북극곰
학명: *Ursus maritimus*
길이: 215cm
북극해의 얼음이 봄에 녹거나 겨울에 얼 때 먹이를 찾아서 아주 멀리 넓게 돌아다닌다. 북극곰 한 마리의 세력권 범위가 남북으로 1,000킬로미터가 넘는다고 한다. 얼음 위에서도 발이 얼지 않게 보호할 수 있도록 발바닥에도 털이 덮여 있다.

2: 사향소
학명: *Ovibos moschatus*
길이: 210cm
먹이가 풍족하고 날씨가 좋은 여름에는 대여섯 마리씩 작은 무리를 이루어 지낸다. 겨울이 되면 온기를 유지하고 생존을 위해 소집단들이 모여서 60마리에 이르는 더 큰 무리를 이룬다.

3: 북극늑대
학명: *Canis lupus arctos*
길이: 109cm
북극늑대는 가족들과 사는데, 가족 내에는 확고한 서열이 있다. 주로 우두머리인 부부와 새끼들로 이루어진다. 북극늑대 무리는 함께 사냥하고 함께 새끼를 돌본다.

4: 북극토끼
학명: *Lepus arcticus*
길이: 56cm
나무, 싹, 풀을 뜯어 먹는데, 예리한 후각을 이용하여 눈 밑의 먹이를 찾아낸다. 빠르고 민첩하다. 포식자를 피해 달아날 때는 시속 64킬로미터까지도 속도를 낼 수 있다.

| 동물 박물관 |

자료실

찾아보기

동물 박물관의 큐레이터들

찾아보기

가지예쁜이해면	10~11
갈라고	78
갈라앵무	66~67
갈라파고스앨버트로스	60~61
갈색얼가니새	62~63
검은꼬리방울뱀	52~53
검은눈썹앨버트로스	60~61
검은볏맹거베이	78~79
검은쐐기해파리	14~15
검은토끼박쥐	82~83
게레눅	86~87
고산북방메뚜기	16~17
고악류	56~58
곡비원류	78~79
골리앗왜가리	62~63
구름무늬표범	84~85
구세계원숭이	78~79
극락조	66~67
금모래홍어	26~27
기린영양	86~87
긴팔오징어	12~13
꼬리기름상어	24~25
나그네앨버트로스	60~61
나일악어	50~51
나팔새	62~63
난로연통해면	10~11
남방카라카라	64~65
남방흰얼굴부엉이	68~69
노랑촉수	22~23
노래지빠귀	70~71
뇌산호	14~15
다윈개구리	34~35, 39
다이아몬드거북	46~47
단공류	74~75
달리아말미잘	14~15
달마수리	64~65
대륙검은지빠귀	70~71
대서양가리비	18~19
대서양고등어	22~23
대서양홍어	26~27
덤불갯민숭달팽이	18~19
돌고래	88~89
동고비	70~71
동대서양백합	18~19
동부콜로부스	78~79
따오기	62~63
땅벌	16~17
로리스	78
루비토파즈벌새	66~67
루손구름쥐	80~81
뤼펠독수리	64

마사이기린	86~87
마코앵무	66
만다린도롱뇽	34~35
만다린피시	30~31
매끈홍어	26~27
맨드릴	78~79
맬리목도리앵무	66~67
목도리꿩무	66~67
목욕해면	10~11
무릎짓기	28~29
무악어투	22
무족영원류	34, 40~41
미국독도마뱀	44~45
미국옥석긴꼬리산누에나방	16~17
미국측범잠자리	16~17
바다거북	46~47
바다코끼리	88~89
바하칼레포르니아목도리도마뱀	52~53
박해면	10~11
반향정위	82~83, 88~89
발굽포유동물	86~87
방가이카디널	30~31
방거피들	60
백상아리	24
뱀잡이수리	64~65
벌서	66~67
부엉이	68~69
북극곰	90~91
북극권	90~91
북극늑대	90~91
북극토끼	90~91
북기조통박벌	16~17
북방가넷	62~63
북방각다귀	16~17
분홍가슴비둘기	70~71
분홍머리모란앵무	66~67
붉은가슴벌새	66~67
붉은가슴부리새	66~67
붉은깔끼혹불가사리	18~19
붉은눈청개구리	40~41
붉은목뿔매	64~65
붉은비단뱀	48~49
붉은쐐기해파리	14~15
붉은캥거루	74~75
브라운숭이	78~79
블랜딩거북	46~47
비너스꽃바구니해면	10~11
사막왕뱀	52~53
사슴뿔산호	14~15
사자	84~85

사향소	90~91
산갈치	22~23
산도롱뇽	34~35
삼색다람쥐	8
샛징이상어	24~25
상추갯민숭달팽이	18~19
서부비단거북	46~47
서부암초왜가리	62~63
서부왕매뚜기	16~17
서부줄무늬도마뱀붙이	52~53
설치류	80~81
세로판도도롱뇽	40~4
세바짧은꼬리박쥐	82~83
송이류큰해면	10~11
슈가글라이더	74~75
실러캔스	22~23
아기사슴	86~87
아르헨티나뿔개구리	34~35
아마존다너티	88~89
아시아코끼리	76~77
아틀라스산누에나방	16~17
아프리카노랑날개박쥐	82~83
아프리카새매	64~65
아홀로틀	34~35
안경올빼미	68~69
애리조나산호뱀	48~49
앨리게이터	50~51
얼룩매가오리	26~27
얼룩쿠스쿠스	74~75
여우원숭이	78~79
연골어류	24~27
영원	34~35
왁시몽키청개구리	40~41
왕관잎코박쥐	82~83
왕관해파리	18~19
외투막	24~25
원생동물	10
원숭이	78~79
원숭이올빼미	68~69
웨들바다표범	88~89
위흡혈박쥐	82~83
유럽농어	28~29
유럽산개구리	38~39
유인원	78~79
유황앵무	66
인도날여우박쥐	82~83
인도별거북	46~47
인도코뿔소	86~87
인도큰고길박쥐	82~83
인도파른제비나비	16~17
일각돌고래	88~89
저지대파카	80~81

절지동물	16~17
조간대	18, 46~47
주머니개구리	38
주황부채해면	10~11
줄무늬주머니쥐	74~75
지렁이도롱뇽	34~35
지연가래상어	26~27
직비원류	78~79
진주담치	18~19
집참새	70~71
채찍오징어	12~13
척삭	22
천사문어	13
청록파랑비늘돔	30~31
청상아리	24~25
치타	84~85
칠성장어	22~23
침팬지	78~79
카이트핀상어	24~25
캐나다일렉스오징어	18~19
코알라	74~75
쿠바홍학	62~63
크로커다일	50~51
큰귀뛰는쥐	80~81
큰극락조	66~67
큰부리새	66
큰화식조	56~58
타조	56~58
탈바꿈	16, 38~39
토마토개구리	34~35
톰슨무족영원	40~41
튤립고둥	18~19
파라다이스나무뱀	48~49
파란단추해파리	14~15
파란독화살개구리	40~41
폴립	14~15, 30~31
표범거북	46~47
표범무늬게	18~19
푸른박새	70~71
프렌치엔젤	30~31
하루살이목	16~17
하마	86~87
항아리해면	10~11
해오라기	62~63
헛간올빼미	68
호모 사피엔스(인간)	78~79
혹독화살개구리	40~41
혹등고래	88~89
홍연어	22~23

화분산호	14~15	Chrysaora fuscescens	14~15	Lampropeltis getula splendida		Phyllorhiza punctata	14~15
화이트청개구리	34~35	Chrysemys picta bellii	46~47		52~53	Plecotus auritus	82~83
활공	40, 60~61, 74	Chrysolampis mosquitus	66~67	Latimeria chalumnae	22~23	Polyboroides typus	64~65
황금사자타마린	78~79	Chrysopelea paradisi	48~49	Lavia frons	82~83	Pomacanthus paru	30~31
황제잠자리	16~17	Chthamalus fragilis	18~19	Leontopithecus rosalia	78~79	Porpita porpita	14~15
황제펭귄	60~61	Coleonyx variegatus	52~53	Leptonychotes weddellii	88~89	Psittacula krameri	66~67
회색관두루미	62~63	Colobus guereza	78~79	Lepus arcticus	90~91	Psophia crepitans	62~63
회색조무래기따개비	18~19	Columba oenas	70~71	Leucosolenia botryoides	10~11	Pterapogon kauderni	30~31
흉상어	24~25	Crocodylus niloticus	50~51	Litocranius walleri	86~87	Pteropus giganteus	82~83
흰동가리	30~31	Crotalus molossus	52~53	Litoria caerulea	34~35	Ptilopsis granti	68~69
흰띠십자해파리	14~15	Crotaphytus vestigium	52~53	Lophocebus aterrimus	78~79	Pulsatrix perspicillata	68~69
흰점박이해파리	14~15	Cuniculus paca	80~81			Python curtus brongersmai	
흰점찌르레기	70~71	Cyanistes caeruleus	70~71	Macropus rufus	74~75		48~49
흰코뿔소	86~87			Malaclemys terrapin	46~47		
힐러몬스터	44~45	Dactylopsila trivirgata	74~75	Malacoraja senta	26~27	Raja brachyura	26~27
		Dalatias licha	24~25	Mandrillus sphinx	78~79	Raja clavata	26~27
학명으로 찾아보기		Delphinus delphis	88~89	Mastigoteuthis microlucens		Ramphastos dicolorus	66~67
Acropora cervicornis	14~15	Dendrobates azureus	40~41		12~13	Rana temporaria	38~39
Actias luna	16~17	Dendronotus frondosus	18~19	Megaptera novaeangliae		Regalecus glesne	22~23
Aetobatus narinari	26~27	Diomedea exulans	60~61		88~89	Rhinobatos productus	26~27
Agalychnis callidryas	40~41	Diploria labyrinthiformis		Micruroides euryxanthus		Rhinoceros unicornis	86~87
Agapornis roseicollis	66~67		14~15		48~49	Rhinoderma darwinii	34~35
Ambystoma mexicanum		Dyscophus antongilii	34~35	Monodon monoceros	88~89		
	34~35			Morus bassanus	62~63	Sagittarius serpentarius	64~65
Amphiprion ocellaris	30~31	Egretta gularis	62~63	Mullus surmuletus	22~23	Scomber scombrus	22~23
Anax imperator	16~17	Elephas maximus	76~77	Muntiacus reevesi	86~87	Sitta europaea	70~71
Aplysina archeri	10~11	Elysia crispata	18~19	Mytilus edulis	18~19	Sparisoma viride	30~31
Aptenodytes forsteri	60~61	Emydoidea blandingii	46~47			Sphex pensylvanicus	16~17
Archilochus colubris	66~67	Eolophus roseicapilla	66~67	Neofelis nebulosa	84~85	Spilocuscus maculatus	74~75
Ardea goliath	62~63	Ephemeroptera	16~17	Netrostoma setouchina	18~19	Spizaetus ornatus	64~65
Argopecten gibbus	18~19	Euchoreutes naso	80~81	Nycticorax nycticorax	62~63	Spongia officinalis	10~11
Attacus atlas	16~17	Euplectella aspergillum	10~11			Stylissa flabelliformis	10~11
				Odobenus rosmarus	88~89	Struthio camelus	56~58
Balearica regulorum	62~63	Fasciolaria tulipa	18~19	Oedipina alleni	34~35	Sturnus vulgaris	70~71
Barnardius barnardi macgillivrayi				Omocestus viridulus	16~17	Sula leucogaster	62~63
	66~67	Geochelone elegans	46~47	Oncorhynchus nerka	22~23	Synchiropus splendidus	30~31
Bolitoglossa compacta	40~41	Geochelone pardalis	46~47	Oophaga granulifera	40~41		
Brachystola magna	16~17	Giraffa camelopardalis tippelskirchi		Ophiogomphus severus	16~17	Terathopius ecaudatus	64~65
			86~87	Oreaster reticulatus	18~19	Thalassarche melanophrys	
Caecilia thompsoni	40~41	Goniopora djiboutiensis	14~15	Ovibos moschatus	90~91		60~61
Callosciurus prevostii	81	Grantia compressa	10~11			Tipula paludosa	16~17
Callyspongia ramosa	10~11			Pan troglodytes	78~79	Trichechus inunguis	88~89
Canis lupus arctos	90~91	Haliclystus stejnegeri	14~15	Panthera leo	84~85	Turdus merula	70~71
Caracara plancus	64~65	Heloderma suspectum	44~45	Papilio polymnestor	16~17	Turdus philomelos	70~71
Carcharhinus plumbeus	24~25	Hepatus epheliticus	18~19	Paradisaea apoda	66~67	Tylototriton shanjing	34~35
Carollia perspicillata	82~83	Heptranchias perlo	24~25	Passer domesticus	70~71	Tyto alba	68~69
Casuarius casuarius	56~58	Heterodontus zebra	24~25	Perca fluviatilis	28~29		
Ceratophrys ornata	34~35	Hippopotamus amphibius		Petaurus breviceps	74~75	Ursus maritimus	90~91
Cercopithecus neglectus			86~87	Petromyzon marinus	22~23	Urticina felina	14~15
	78~79	Hipposideros diadema	82~83	Phascolarctos cinereus	74~75		
Chamelea gallina	18~19			Phloeomys pallidus	80~81	Velodona togata	13
Chelonia mydas	46~47	Ichthyosaura alpestris	34~35	Phoebastria irrorata	61	Vespula vulgaris	16~17
Chiroteuthis veranyi	12~13	Illex illecebrosus	18~19	Phoenicopterus ruber	62~63		
Chrysaora achlyos	14~15	Isurus oxyrinchus	24~25	Phyllomedusa sauvagii	40~41	Xestospongia muta	10~11

동물 박물관의 큐레이터들

케이티 스콧은 영국 브라이튼 대학에서 일러스트레이션을 공부했습니다.
지금은 영국 런던에 살면서 책과 방송, 앨범 커버 등의 삽화를 그리고 있습니다.
그림을 그린 『동물 박물관』이 2014년 《선데이 타임스》 올해의 어린이 책으로 선정되고, 이어서 발표한 『식물 박물관』과 함께
프랑스, 독일, 일본, 핀란드 등 여러 나라에 소개되었습니다. 에른스트 히켈의 정교한 그림에서 많은 영감을 얻고 있습니다.

제니 브룸은 영국 런던의 슬레이드 예술학교에서 공부했습니다. 편집자로 일하며, 어린이를 위한 몇 권의 책을 썼습니다.

옮긴이 **이한음**은 서울대학교 생물학과를 졸업한 후, 과학 전문 번역가로 일하고 있습니다.

내 책상 위 자연사 박물관
동물 박물관

1판 1쇄 펴냄 — 2017년 11월 15일, 1판 2쇄 펴냄 — 2019년 7월 15일

그린이 케이티 스콧 **글쓴이** 제니 브룸 **옮긴이** 이한음
펴낸이 박상희 **편집장** 박지은 **편집** 김지호 **한국어판 디자인** 신현수
펴낸곳 (주)비룡소 **출판등록** 1994. 3. 17.(제16-849호)
주소 06027 서울시 강남구 도산대로1길 62 강남출판문화센터 4층
전화 영업 02)515-2000 팩스 02)515-2007 편집 02)3443-4318,9 **홈페이지** www.bir.co.kr
제품명 Animalium **제조자명** Shenzhen Donnelley Printing Co.Ltd
제조국명 중국 **수입자명** (주)비룡소 **제조년월** 2017년 11월 **사용연령** 3세 이상

ISBN 978-89-491-5133-5 74490 / ISBN 978-89-491-5132-8(세트)

이 도서의 국립중앙도서관 출판예정도서목록(CIP)은 서지정보유통지원시스템 홈페이지(http://seoji.nl.go.kr)와
국가자료공동목록시스템(http://www.nl.go.kr/kolisnet)에서 이용하실 수 있습니다.(CIP제어번호: CIP2017020073)